本项目受河北省科技金融协同创新中心（STFCIC202210）；河北省省级科技计划资助（22567630H）资助。

系统性金融风险的分层结构
与统计监测研究

刘　霞　韩素芬　黄宇嫣　著

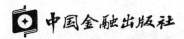

中国金融出版社

责任编辑：吕　楠
责任校对：孙　蕊
责任印制：丁淮宾

图书在版编目（CIP）数据

系统性金融风险的分层结构与统计监测研究／刘霞，韩素芬，黄宇嫣著．
—北京：中国金融出版社，2022.12
ISBN 978-7-5220-1843-0

Ⅰ.①系…　Ⅱ.①刘…②韩…③黄…　Ⅲ.①金融风险防范—研究—中国　Ⅳ.①F832.1

中国版本图书馆 CIP 数据核字（2022）第 249363 号

系统性金融风险的分层结构与统计监测研究
XITONGXING JINRONG FENGXIAN DE FENCENG JIEGOU YU TONGJI JIANCE YANJIU

出版
发行　中国金融出版社

社址　北京市丰台区益泽路 2 号
市场开发部　（010）66024766，63805472，63439533（传真）
网上书店　www.cfph.cn
　　　　　　（010）66024766，63372837（传真）
读者服务部　（010）66070833，62568380
邮编　100071
经销　新华书店
印刷　北京九州迅驰传媒文化有限公司
尺寸　169 毫米×239 毫米
印张　10.25
字数　205 千
版次　2022 年 12 月第 1 版
印次　2022 年 12 月第 1 次印刷
定价　89.00 元
ISBN 978-7-5220-1843-0
如出现印装错误本社负责调换　联系电话(010)63263947

前言

改革开放 40 多年来，我国经济取得了举世瞩目的成绩，经济增长率平均达到 8.1% 的水平，创造了世界经济发展的奇迹，继 2010 年我国经济总量跃升为全球第二大经济体后，2021 年 GDP 总量突破 110 万亿元，再度迈上一个新台阶；在经济快速发展的同时，我国的基本经济制度与经济结构也发生了重大变化，现已初步建立起以市场机制为社会资源配置基础性手段的社会主义市场经济制度，形成了经济多元化、布局全球化的全新经济格局。随着我国经济的快速发展与经济结构的变迁，一个与现代经济相适应，且符合我国国情的金融体系得以初步建立，形成了以国有金融机构为主导、市场效率为原则、多层次资产市场为支撑的金融体系结构。如果说在我国现行的金融体系结构形成及金融发展过程中不存在系统性金融风险，那显然是"睁眼说瞎话"，可是，改革开放 40 多年的实践表明，40 多年的市场化改革开放进程中，我国的确未曾发生过系统性金融风险，这种现象不仅与经济周期和金融周期理论不一致，而且在世界各国的实践中也是极其罕见的。究其原因，我们认为主要有如下几点：（1）社会主义制度的优越性使系统性金融风险始终处于可控之范围；（2）政府宏观调控的有效性使金融运行中累积的系统性风险不断得到化解；（3）经济的快速发展与金融结构的不断优化使系统性金融风险得以缓解，相对风险水平不断降低。然而，进入新时代后，我国经济下行的压力不断增大，外部经济的冲击越来越强，经济政策的不确定性越来越突出，金融创新与金融监管的错位日益明显。在这种现实背景下，我国的系统性金融风险不仅不可能在发展中获得化解，而且有可能使系统性金融风险加速恶化，甚至有可能成为发生系统性金融风险的引爆点，因此，从理论上与实践中系统探讨我国社会主义市场经济制度下系统性金融风险的产生、测度、演化过程及监测与防范，对创建中国特色社会主义经济理论，保障我国经济与金融稳定健康运行，无疑具有特殊重要的意义。

系统性金融风险的载体是金融体系。金融体系结构决定了系统性金融风险的风险源、影响程度、相互关系及其演化规律。当我们考察系统性金融风险时，首先要立足于金融体系结构，然后依据金融体系结构的特征去探讨系统性金融风险测度及其相互关系，在此基础上进一步探讨系统性金融风险的演化过程及其规律，并以此构建系统性金融风险的统计监测系统，为防范发生系统性金融风险提供科学的依据及有效的政策指引。

简单观察不难发现，我国的金融体系结构属于较为典型的银行主导型金融体系结构，其中，中国工商银行、中国农业银行、中国银行、中国建设银行和交通银行五大国有银行又是银行体系下的系统性重要银行，这就意味着，只要我们抓住了工、农、中、建、交五大国有银行的经营风险特征，就能基本反映我国系统性金融风险的状况。为了给出我国系统性金融风险的定量测度，本书借鉴银行主导型金融体系结构下金融危机的表现特征，将我国发生的系统性金融风险与银行主导型金融体系结构下爆发的金融危机相对应，由此提出我国系统性金融风险测度模型。在此基础上，我们进一步从银行资产构成层面入手，分别对系统性重要银行各类资产风险与系统性金融风险的相互关系进行实证分析，并通过压力测试分析探寻我国发生系统性金融风险的主要风险源，为构建相应的统计监测系统与寻求化解我国系统性金融风险的着力点提供现实的依据与技术支持。

本书的分析表明：（1）整体来看，我国系统性金融风险不高，发生系统性金融风险的概率不大，金融体系运行安全，即便是在 2008 年国际金融危机、2015 年国内股灾及 2019 年底 2020 年初新冠肺炎疫情的冲击下，系统性金融风险也处在可控区间内；（2）我国系统性金融风险存在自身不断恶化的趋势，这一点必须引起高度的重视；（3）就当前的状况而言，我国系统性金融风险的主要风险源是房地产市场，其次是外汇市场，再次是同业拆借市场；（4）压力测试分析显示，如果房地产市场均价降低 31.2943%，汇率上升或贬值到一定程度，同业拆借利率降至 0 附近，均必然促发系统性金融风险；（5）债券市场和股票市场对系统性金融风险基本不产生影响，究其原因主要有三点，一是现行分业经营制度安排阻隔了风险的传递，二是无风险债券主导的产品结构提供的保障，三是散户型市场投资者结构的分散化效应；（6）虽然我国金融运行一直处于相对安全区，但经济下行的压力、外部环境可能的恶化，以及系统性金融风险自身的累积与演化过程必将加深系统性金融风险的隐患。当前对我国系统性金融风险监测的重点应置于房地产市场和外汇市场，保持汇率稳定、房价的适度泡沫及稳定性是守住不发生系统性金融风险的关键。

本书的创新之处在于：（1）提出了我国系统性金融风险的分层结构，并运用实证分析的方法探讨了这种分层结构之间的内在关系与机理；（2）构建了符合我国金融体系结构的系统性金融风险测度模型，明确了我国系统性金融风险底线；（3）探寻了我国系统性金融风险的风险源，明确了控制房地产市场和同业拆借市场风险对防范我国系统性金融风险的意义；（4）构建了我国系统性金融风险的统计监测体系与重要市场监测次序。

本书是在我的博士论文的基础上拓展完成的。在博士论文写作期间，衷心感谢我的导师李腊生教授对我的悉心指导，无论是深夜还是节假日给李老师打电话，李老师都不厌其烦地给我这个笨学生讲解，每次给老师打完电话，我受益匪浅的同时又特别感动。他总是站在我们的角度上为我们考虑，在指导我们学术的同时，也会在恰当的时刻给予我们职业生涯及人生道路一些建设性意见。能成为李老师的学生，是我人生一幸事。同时还要感谢博士答辩和预答辩的其他老师，他们在答辩过程中提出了很多宝贵的意见。

本书在后期的拓展和数据更新中有大量的数据搜集和整理的任务，幸好这些繁杂琐碎的工作有我的学生们帮助我一起完成。吕瑞负责前3章的数据搜集与整理，孔菲、韩五月、王若彤、史聪颖、杨舒岩分别负责第4章、第5章、第6章、第7章、第8章的部分数据的搜集与整理工作。于凡芮负责财务数据解析。在学生们认真负责的帮助下，本书才得以顺利完成。

在这里也要感谢我的后勤保障力量，我的母亲和我的爱人。没有母亲大人的帮助，调皮捣蛋的满意小朋友早把我的电脑当玩具拆成了零件。家庭的和谐稳定是一切成果的前提与基础。

由于本人能力有限，书中不足之处和出现一些错误也在所难免，希望大家在给予包容的同时也不吝赐教，万分感谢！

目 录

第1章 导 论

1.1 研究背景

改革开放 40 多年来，我国始终坚持以经济建设为中心，经济步入快速发展轨道，国内生产总值由 1978 年的 3679 亿元跃至 2021 年的 114.367 万亿元，由不变价格计算的年均增长率高达 8.1%。中国经济总量占世界经济总量的比重由 1978 年的 1.8% 上升到 2021 年的 18% 左右，将近 1/5。自 2010 年开始，中国经济总量就已超过日本，稳居世界第二大经济体。近年来，我国对世界经济增长的贡献率超过 30%，日益成为世界经济增长的动力之源、稳定之锚。我国人均国内生产总值也在不断提高，2021 年已达到 8.1 万元人民币，成功由低收入国家跨入中等偏上收入国家行列，在世界银行公布的 217 个国家（地区）中排名第 60 位。

在经济快速发展的同时，我国的基本经济制度与经济结构也发生了重大变化。到目前为止，已经完成了计划经济体制向市场经济体制的转变，初步建立起以市场机制为社会资源配置基础性手段的社会主义市场经济制度。产业结构、需求结构、区域结构等方面的不断优化促进经济结构优化升级，经济发展的协调性和可持续性明显提高。经济发展突破了原来的单一发展路径，对外开放水平全面提升，贸易规模和外商投资规模稳步扩大，贸易结构不断优化，形成了经济多元化、布局全球化的全新经济格局。随着我国经济的快速发展与经济结构的变迁，通过一系列市场化改革，我国已初步建立了完善的金融市场体系，银行业、保险业、证券业、基金业、信托业等金融机构种类日益健全，规模实力逐步壮大，一个与现代经济相适应，且符合我国国情的金融体系得以初步建立，形成了以国有金融机构为主导、市场效率为原则、多层次资产市场为支撑的金融体系结构。我国金融体系结构形成及金融发展除对实体经济的发展功不可没外，对于系统性金融风险的规避也起了关键性的作用。

从中国经济恢复发展时期回顾全球经济，2008 年国际金融危机之前，全球共发生了将近400次各种形式的金融危机，无论是爆发频率还是影响规模都随着时间的推移而不断增大，2008年美国金融危机更是来势汹汹，最终引发了全球经济危机。然而，在全球经济危机频频高发的阶段，我国经济却一直安然无恙，这是否意味着我国现行的金融体系结构形成及金融发展过程中不存在系统性金融风险？那显然是"睁眼说瞎话"，可是，改革开放40多年的实践表明，40多年的市场化改革开放进程中，我国的确未曾发生过系统性金融风险，这种现象不仅与经济周期和金融周期理论不一致，而且在世界各国的实践中也是极其罕见的。从经济理论上看，市场机制决定了系统性金融风险不可避免，其中的缘由在于实践中这一机制本身会出现失灵。当市场机制运行失灵，市场正常的自发性调节完全失效时，必然会引发系统性金融风险。然而，我国的市场体制是社会主义市场体制。所谓社会主义市场经济，是指同社会主义基本社会制度结合在一起的，市场在国家宏观调控下对资源配置起基础性作用的经济制度。这种经济制度的核心是社会主义，实现社会资源配置的基本手段是市场经济机制，前提条件是建立在国家宏观调控下，这种宏观调控一是可以弥补市场自发调节的不足，二是可以纠偏。也就是说，即便存在市场失灵，由市场失灵所累积的系统性金融风险也可通过其纠偏机制获得解决，甚至在必要的时候可以采取非市场化的方式阻隔金融风险的传染与扩散。或者说，资本主义社会制度的经济本质决定了它不存在对系统性金融风险的有效化解路径与渠道，最终只能通过对生产力或金融体系的破坏性方式来解决。相较而言，社会主义市场经济制度则完全不同，我国的社会制度决定了即便是市场机制失灵所累积的系统性金融风险上升到市场机制难以为继的程度，国家宏观调控的前提也使这种系统性金融风险存在有效的化解渠道，其中包括金融创新（内生性化解渠道）、财政渠道、货币渠道和行政渠道（行政渠道是指利用行政权力直接干预行为人的选择，以此阻止金融风险的进一步传染）。

除社会主义制度的优越性使系统性金融风险始终处于可控制范围，以及政府宏观调控的有效性使金融运行中累积的系统性风险不断得到化解外，我国之所以未曾发生过系统性金融风险还有一个重要的原因，那就是经济的快速发展与金融结构的不断优化使系统性金融风险得以缓解，相对风险水平不断被降低。然而，进入新时代后，随着我国经济增长进入"换挡期"，从过去的高速增长转换为中、高速增长，经济下行的压力不断增大，经济结构正面临调整，需在短期内完成化解过剩产能、优化产业结构等问题，还需要消化前期经济依赖投资驱动增长模式的刺激政策，尤其是2008

年之后为应对国际金融危机的冲击而采取的投资刺激政策。随着全球金融和经济一体化程度不断加深，近年来国际金融危机、国际贸易环境活力下降、经济增幅放缓、国际冲突频发等国际问题越来越突出。2019 年底新冠肺炎疫情给全球带来了冲击，同时也加大了全球经济的脆弱性，外部经济冲击越来越强。国际局势的动荡与国内经济问题的突出，导致经济政策的不确定性越来越强，金融创新虽层出不穷，但是监管的严重错位导致金融市场的波动越来越严重。目前，我国经济整体杠杆率持续攀升，各个金融部门风险增大，银行体系不良资产率上升，金融体系结构不合理，加上经济周期的影响，进一步加剧了我国金融体系的总体风险水平。在当前国内外因素的共同作用下，我国的系统性金融风险不仅不可能在发展中获得化解，而且更有可能使系统性金融风险加速恶化，甚至可能爆发系统性金融风险。

金融体系健康发展是经济平稳健康发展的重要基础和条件，系统性金融风险对经济的冲击巨大，甚至会导致经济的衰退。从其他国家的经验看，1997 年的亚洲金融危机，导致了泰国、马来西亚等东南亚国家经济的大幅衰退；2008 年的美国金融危机席卷了全球，致使全球经济发生转折，结束了长期的繁荣。我国中央决策层已经认识到防范化解系统性金融风险的重要性，陆续出台了一系列相关政策。自 2016 年开始，中共中央、国务院及各金融监管部门逐步将防范化解系统性金融风险作为中国金融市场发展及监管工作最核心的主题。2016 年 12 月的中央经济工作会议、2017 年 3 月的全国人大政府工作报告、2017 年 7 月的全国金融工作会议及随后召开的十九大和 2018 年的"两会"，都无一例外地将防控系统性金融风险作为经济政策的工作重点，并将不发生系统性金融风险作为一切经济工作的底线。2022 年，我国中央财经委员会提出，金融风险的有效管理，要在经济进化发展中共同实现；中国人民银行在工作展望中指出，全面深化金融改革开放，稳妥有序做好重点机构风险处置化解工作，发挥存款保险制度和行业保障基金在风险处置中的作用。坚持规范与发展并重，依法加强对资本和平台企业监管，持续做好头部网络金融平台整改工作。稳妥实施好房地产金融审慎管理制度，更好满足购房者合理住房需求，促进房地产业良性循环和健康发展。在这样的背景下，研究我国系统性金融风险就有了现实意义。

1.2　研究意义

我国在改革开放 40 多年的发展历程中并未发生过系统性金融风险，这是因为我国社会主义市场经济是保证社会制度为社会主义属性，基于国家宏观调控的市场经济。市场机制是建立在国家宏观调控的前提条件下的，这种宏观调控一是可以弥补市场自发调节的不足，二是可以纠偏。我国系统性金融风险水平如何，底线在哪里、如何识别及防范等都是需要进行深入研究的重大问题。因此，从理论与实践上探讨我国社会主义市场经济制度下系统性金融风险的产生、测度、演化过程、监测与防范，对于创建具有中国特色的社会主义经济理论，保障我国经济与金融稳定健康运行无疑具有特殊重要的意义。本书的具体研究意义如下。

（1）通过对我国金融体系结构的研究，采用 CCA 模型测算了我国系统性金融总风险水平，为我国当前系统性金融风险的评价提供了现实依据。

（2）对我国系统性金融风险进行了分层结构研究，为分析探寻我国发生系统性金融风险的主要风险源及构建相应的统计监测体系提供了现实依据与技术支持。

（3）无论是系统性金融风险的测度、分层结构研究，还是系统性金融风险的监测，都为寻求化解我国系统性金融风险的着力点提供了现实依据与技术支持。

1.3　总体分析框架和主要内容

1.3.1　总体分析框架

本书的总体分析框架见图 1.1。

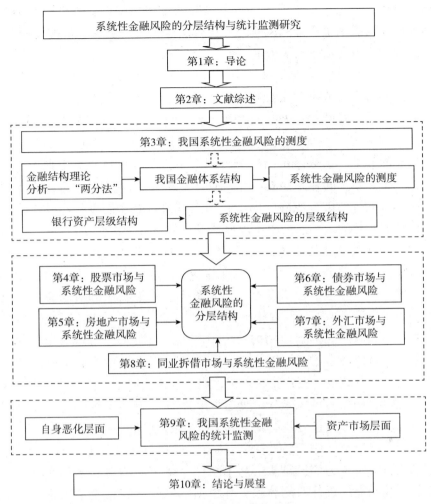

图 1.1　本书的总体分析框架

1.3.2　主要内容

本书以我国金融体系结构为切入点，通过对相关研究文献的系统性梳理并借鉴先进的 CCA 风险测度技术，对我国系统性金融风险进行测度，从银行的主要资产构成层面入手，对系统性金融风险进行层次结构分析。通过分析主要资产对应的资产市场——股票市场、房地产市场、债券市场、外汇市场、同业拆借市场向系统性金融风险的传导机制，构建每个市场风险的代表变量与系统性金融风险具体的量化关系，根据量化关系进行压力测试，分析探寻我国发生系统性金融风险的主要风险源，并针对压力测试的结果构建我国系统性金融风险的统计监测体系，明确重要市场监测次序，主要研究内容包含以下几个方面。

（1）金融体系结构与系统性金融风险测度。系统性金融风险是指整个金融体系的大部分或全部金融机构遭到破坏，金融功能大部分或全部丧失的可能性，该风险的大小及严重程度与金融体系结构密切相关，不同的金融体系结构决定了系统性金融风险的形成方式、演化过程、表现形态等。依照现有的分类，金融体系结构分为银行主导型和市场主导型两类。我国属于银行主导型金融体系结构，系统性金融风险表现为五大系统性重要银行任何一家银行的破产风险，由于我国没有银行破产制度，本书采用 CCA 模型计算五大行的最小违约距离表示系统性金融风险的测度值。

（2）系统性金融风险的分层结构。系统性重要银行的违约风险体现为资产风险，系统性金融风险等于银行各项资产风险加总，银行的主要资产包括股票资产、房地产信贷资产、债券资产、外汇资产和现金资产，银行的 5 种主要资产及资产风险在银行部门参与股票市场、房地产市场、债券市场、外汇市场和同业拆借市场的交易中产生，每个资产市场对银行部门的风险溢出为系统性金融风险的一个分层结构，对系统性金融风险进行结构分层分析便是从这 5 个资产市场入手，通过分析资产市场向系统性金融风险的传导机制，构建市场风险代表变量与系统性金融风险具体的量化关系并进行压力测试，分析探寻我国发生系统性金融风险的主要风险源。

（3）系统性金融风险的监测与防范。根据对系统性金融风险的测度、分层结构研究及压力测试结果，从系统性金融风险的自身恶化和资产市场入手，构建相应的统计监测体系，并根据本书的研究结论给出系统性金融风险的防范建议。

具体章节内容如下。

第 1 章：导论。介绍本书的研究背景和意义、总体框架和主要内容、研究思路和方法，以及创新点与不足。

第 2 章：文献综述。系统性金融风险的相关研究一般分为三类：一是系统性金融风险的测度；二是对系统性金融风险产生原因的挖掘；三是系统性金融风险的预警与防范。考虑到本书的研究目的，仅从系统性金融风险的测度、系统性金融风险的预警分析与压力测试、系统性金融风险防范与化解三方面进行梳理，并未对现有的相关研究进行述评。

第 3 章：我国系统性金融风险的测度。本部分介绍了金融结构的形成与演化、金融结构的分类，指出我国的金融结构为银行主导型，系统性金融风险体现为系统性重要银行倒闭的风险。进一步通过对我国银行业的市场结构分析，提出我国系统性金融风险的测度原理与方法，并从银行资产风险层面阐述系统性金融风险的分层结构原理。

第 4 章、第 5 章、第 6 章、第 7 章和第 8 章：系统性金融风险的分层结构研究。通过研究股票市场、房地产市场、债券市场、外汇市场和同业拆借市场的发展状况、风险水平、对系统性金融风险的传导机制，建立各个资产市场风险与系统性金融风险的量化关系测算各个资产市场对系统性金融风险的溢出程度，并通过压力测试分析探寻我国发生系统性金融风险的主要风险源。

第 9 章：我国系统性金融风险的统计监测。根据对系统性金融风险的测度、分层结构研究及压力测试结果，从系统性金融风险的自身恶化和资产市场入手，构建相应的统计监测系统。

第 10 章：结论与展望。通过对各章的研究进行总结，得出本书的研究结论，并根据本书的研究结论给出系统性金融风险的防范建议，进一步提出未来研究的设想与展望。

1.4 研究思路与方法

1.4.1 研究思路

本书研究的基本思路是以改革开放 40 多年中国取得的成就与面临的问题为研究背景，以我国银行主导型金融体系结构为前提，构建我国系统性金融风险的测度模型，并以此为切入点，结合银行资产的构成及各资产市场与银行部门的关系，从银行资产风险层面对系统性金融风险进行分层结构分析。在研究每个资产市场风险向系统性金融风险传导机制的基础上，构建每个市场风险代表变量与系统性金融风险具体的量化关系，根据量化关系进行压力测试，分析探寻我国发生系统性金融风险的主要风险源，针对压力结果构建系统性金融风险的统计监测体系，并根据本书的研究结论给出系统性金融风险的防范建议。

1.4.2 研究方法

我国金融体系结构为银行主导型，本书借鉴银行主导型金融体系结构下金融危机的表现特征，将我国发生系统性金融风险与银行主导型金融体系结构爆发系统性金融风险相对应，将系统性金融风险界定为系统性重要银行中任何一家银行发生资不抵债的概率。用形式化的方式（CCA 模型）表示即为 $P = \max\{P_i(A \leqslant B)\}$（其中，$P$ 为系统性金融风险的概率测度，P_i 为第 i 家系统性重要银行的破产概率，A 为银行资产，B 为银行负债），计算系统性重要银行的最大违约概率对应的最小违约距离 $\min\{DD_i\}$，以此系统性金融风险测度模型为切入点去探讨我国系统性金融风险的演化过程及其结果。通过具体的量化分析及压力测试分析对我国系统性金融风险进行分层结构分析，在此基础上构建相应的统计监测体系并给出我国系统性金融风险的防范建议。这种研究本身就是理论研究与规范分析相结合，定性分析与定量分析相融合的研究方法，本书所涉及的具体研究方法主要包括：描述性统计方法、CCA 模型分析方法、GARCH 模型分析方法，回归分析方法、格兰杰因果检验分析方法和压力测试分析方法。

1.5　创新与不足

1.5.1　创新点

本书的创新之处主要体现在以下几个方面。

（1）构建符合我国金融体系结构的系统性金融风险测度模型。本书充分考虑了中西方金融体系结构的差异，并将这种客观存在的差异纳入系统性金融风险测度研究中，在借鉴改造的基础上实现对我国系统性金融风险的定量表述与分类评价，从而为正确认识、评价和监测我国系统性金融风险的合理性与特点提供基础理论依据。

（2）明确了我国系统性金融风险底线的数界面。本书根据我国金融体系结构与我国银行业特征，将任一系统性重要银行资不抵债作为爆发系统性金融风险的临界值，将五大系统性重要银行发生资不抵债的最大概率作为系统性金融风险水平的测度值，用具体可量化的值给出了我国系统性金融风险水平，为分析我国当前系统性金融风险水平及系统性金融风险的分层结构分析提供了现实依据与技术支持。

（3）提出了我国系统性金融风险的分层结构，并运用实证分析的方法探讨了这种分层结构之间的内在关系与机理。本书在系统性金融风险测量及银行资产分析的基础上，通过分析资产市场与银行部门的经济关联，找出了各个资产市场向银行部门风险溢出机制，建立了各个资产市场风险代表变量与系统性金融风险的量化关系。

（4）进一步通过压力测试测算出银行各项资产风险对系统性金融风险的重要程度，探寻了我国系统性金融风险的风险源，明确了控制房地产市场、外汇市场和同业拆借市场风险对防范我国系统性金融风险的意义，为我国系统性金融风险监测和防范提供了现实依据与技术支持。

（5）根据系统性金融风险的测度结果和分层结构研究的压力测试结果，构建了我国系统性金融风险的统计监测体系与重要市场监测次序，并根据全书的研究结论给出了防范系统性金融风险的方法与措施。

1.5.2　不足之处

本书由于篇幅原因，存在的不足之处有以下几个方面。

（1）各个资产市场风险与系统性金融风险实证分析仅从总体上进行把握，缺乏深入各类资产结构层面的研究，风险分析较为笼统。

（2）仅考虑了资产市场对银行部门的风险溢出，未考虑资产市场之间的相互影响，对系统性金融风险在整个金融市场中的传染过程描述不够详细。

（3）对系统性金融风险的分层不够全面。本书仅从银行主要资产层面进行分析，缺乏对黄金资产、衍生品资产等的分析，同时缺乏对银行业内部风险的分析。

第 2 章　文献综述

所谓系统性金融风险，是指金融机构在从事金融交易活动时，因外部因素的冲击或内部因素的牵连致使全部或部分金融机构受到破坏，金融市场信息中断，金融功能大部分或全部丧失，对实体经济造成严重负面影响的可能性，是一种不可通过个体分散化行为来化解的全局性风险。人们对系统性金融风险的相关研究主要集中在三个方面：一是有关系统性金融风险的测度；二是对系统性金融风险产生原因的挖掘；三是系统性金融风险的预警与防范。考虑到本书的研究目的，仅从系统性金融风险的测度、系统性金融风险的预警分析与压力测试和系统性金融风险防范与化解这三个方面进行梳理。

2.1　系统性金融风险的测度

系统性金融风险的测度一直是研究的热点，很多学者对这些研究从不同的角度进行了分类整理归纳，章秀（2016）根据引致因素的不同，将系统性金融风险的测度分为 4 类：基于收益率损失的系统性金融风险测度、基于流动性不足的系统性金融风险测度、基于关联性的系统性金融风险测度和基于宏观总量的系统性金融风险测度；苏帆（2017）从方法上对系统性金融风险的测度进行了归类整理，分为基于早期预警模型和综合指数法的系统性金融风险测度、基于 $CoVaR$ 的系统性金融风险测度、基于期望损失的系统性金融风险测度和基于 CCA 方法的系统性金融风险测度 4 类；朱元倩和苗雨峰（2012）根据数据的不同类型对系统性金融风险测度进行了归纳；卜林和李政（2016）从微观和宏观两个层面对系统性风险的度量进行了梳理；高睿（2018）将系统性金融风险的测度做宏观、中观、微观之分，整个金融体系的系统性金融风险为宏观，金融子部门的系统性金融风险为中观，单个机构的金融风险为微观。本书结合这些学者的研究分类、系统性金融风险的测度研究及本书的研究目的对系统性金融风险测度研究重新进行归纳总结，考虑到书中对系统性金融风险的分层结构研究，系统性金融风险的每个分层结构都是系统性金融风险的一部分，从宏观、微观上进行归类有所不妥，所以此部分从方法上进行归纳，对系统性金融风险的测度方法从概率法、范围法、波动性方法三个方面进行归纳总结。

2.1.1　概率法

（1）概率回归模型。

概率回归模型是指被解释变量为虚拟变量的模型，分为线性概率模型和非线性概率模型。线性概率模型指被解释变量 Y 取值为 0 和 1 的虚拟变量，取值为 1 时的概率为 p，取值为 0 时的概率为 $1-p$，可由一个或一个以上的自变量的线性函数来表示，其模型的表达式为 $E(Y\mid X)=\sum\beta X$，其中 X 为解释变量，β 为回归系数，由于 $E(Y)=P(Y=1\mid X)=p$，所以模型可以记为 $p=\sum\beta X$。非线性概率模型回归方程式为非线性，突出的两个模型有 Logistic 模型和 Probit 模型。Logistic 模型是在线性概率模型的基础上发展而来的，且可以通过相应的变换变为线性估计，所以也称之为广义线性模型，具体原理如下。

$$P(Y_i=1\mid X_i)=p_i=\frac{e^{\beta_1+\beta_2 X_i}}{1+e^{\beta_1+\beta_2 X_i}}=\frac{1}{1+e^{-(\beta_1+\beta_2 X_i)}}=\frac{1}{1+e^{-z_i}}\ ,\ z_i=\beta_1+\beta_2 X_i$$

当 $z_i\to-\infty$时，$p_i\to 0$；当 $z_i\to+\infty$时，$p_i\to 1$；当 $z_i\to 0$ 时，$p_i\to 0.5$。Logistic 模型较线性概率模型的优势在于，虽然 Y 依然取值为 0 和 1，但 z 可以是连续变量，$\beta_1+\beta_2 X_i$ 可以取连续变量，相比线性概率模型实用程度较高。Logistic 模型和 Probit 模型结果相差不大，一般情况下可以换用，主要的区别在于采用的分布函数不同。正是因为这种区别导致了因变量是序次变量，两者不能互换，回归只能用有序 Probit 模型。概率回归模型通常被用于货币危机的预警分析，如 FR 模型。

（2）CCA 模型。

CCA 模型（未定权益法，contingent claims analysis）的起源可溯及 Black 和 Scholes（1973）的期权定价研究，Merton（1973）在原来的 $B-S$ 基础上放松了众多严格假设，提出了更加符合实际的期权定价模型，之后 Merton 将期权定价理论运用于风险贷款和证券评估的开创思想，为 CCA 模型奠定了理论基础。最开始的 CCA 模型用于企业的信用风险评估，Gray 等（2006，2007）将适用范围进一步拓展，成功将 CCA 模型应用于宏观。End 和 Tabbae（2005）利用此方法测度了荷兰的金融稳定状况；Kavonius 等（2009）

测算了欧元区的宏观金融风险；Walsh 和 Gray（2008）用 *CCA* 方法通过经济部门的资产负债表分析了宏观金融风险；Silva 等（2011）用 *CCA* 模型基于葡萄牙的金融账户数据测算了宏观经济体系整体风险状况。

CCA 模型的原理是计算资不抵债的概率，以及资不抵债时的违约距离，原理如下。

$$P(A_{t+T} \leq B_t \mid A_t) = P(\varepsilon_{t+T} \leq -DD)$$

$$DD = \left[\left(\ln \frac{A_t}{B_t} + \left(\mu_A - \frac{\sigma_A^2}{2} \right) T \right) / \sigma_A \sqrt{T} \right.$$

其中，A 为资产价值，B 为负债账面价值，当 $A < B$ 时，资不抵债，产生违约。P 为违约的概率，DD 为违约距离，μ_A 为漂移率，σ_A 为标准差，T 为时间间隔。当 DD 越大时，违约概率越小，风险越小；反之 DD 越小，违约概率越大，违约风险越大，具体原理见图 2.1。

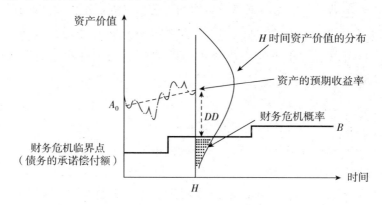

图 2.1　CCA 模型的原理

根据图 2.1，*CCA* 模型的原理为：将资产看成一种布朗运动，负债为财务危机的临界点，当资产越靠近 B 时，DD 越小，违约概率越大，风险越大；反之 DD 越大，违约概率越小，风险越小。*CCA* 模型结合了市场数据和资产负债表数据，计算出具有前瞻性的系统性风险指标，如违约距离、违约概率等，能够很好地反映宏观金融体系的风险状况。计算违约距离 DD 时，关键要计算资产价值 A、账面价值 B、漂移率 μ_A 和资产收益率的标准差 σ_A 等。资产价值可通过权益和风险债务的和求得，负债也可通过不同的优先级加权得到，难点在于 μ_A 和 σ_A 的计算，这两个值要依赖资产价值 A 收益率的分布。传统的 *CCA* 模型假设资产收益率为正态分布，2010 年，Gray 和 Jobst 考虑了实际系统性金融风险激增式变动特征、预期资产损失分布的"尖峰厚尾"特征，以及概率分布的均值因时变而无法定义等问题，提出系

统性 *CCA* 模型（*SCCA*），并且以 G7 国家为研究对象，考察了 *SCCA* 方法在金融危机时期的预警效果。国内学者对 *CCA* 的应用也较为广泛，宫晓琳（2012）在对多方数据进行处理的基础之上，利用未定权益分析方法测度了2000—2008 年我国的宏观金融风险。苟文均（2016）采用 *CCA* 模型测算了我国的系统性金融风险。苏帆（2017）采用传统 *CCA*、跳跃 *CCA* 和宏观跳跃 *CCA* 方法从数值模拟和实证研究两个角度测度了我国金融部门的系统性金融风险。

2.1.2　波动性法

从市场价格稳定性或波动的角度给出系统性金融风险测度方法最典型的代表就是标准差度量法。1952 年，哈里·马科维茨发表了《证券组合选择》论文，通过建立均值方差模型对风险和收益进行了量化，首次提出用标准差来作为风险度量值，之后这一想法被广泛应用。Markowitz（1959）发现用方差作为风险的度量有时存在一些问题，于是重新提出了两个新的指标来衡量风险，分别为低于均值的半方差和低于目标收益率的方差，之后 Porter 等（1974）、Hogan 等（1974）对半方差进行了研究，1975 年以后，Bawa 等（1977）学者将研究中心从半方差转移到下偏距。

无论是方差、半方差还是下偏距，如何正确地估计在当时是一个难解决的问题。我们都知道传统的计量经济学建模时有同方差的假定，然而这一假设在现实中常常得不到满足，高频市场数据的分布一般都呈现聚集效应，波动幅度并非一个常数，而是随时间的变化而变化的，这使得传统的时间序列分析出现了现实应用问题。为了解决这一问题，更好地拟合时间序列的波动性问题，很多学者对估计方法进行了探索，其中 *ARCH*（Autoregressive Condition Hereoscedastic，自回归条件异方差模型）最为突出。*ARCH*模型最早是由美国罗伯特·恩格尔在 1982 年提出的，之后在计量经济领域得到迅速发展，*ARCH*(m) 模型的原理如下。

$$a_t = \sigma_t \varepsilon_t \qquad \sigma_t = \alpha_0 + \alpha_1 a_{t-1}^2 + \cdots + \alpha_m a_{m-1}^2$$

其中，$\{\varepsilon_t\}$ 是均值为 0、方差为 1 的独立同分布随机变量序列，通常为标准正态分布和 t 分布，对于任意的 $i = 1, \cdots, m$，$\alpha_i \geqslant 0$，$\alpha_0 > 0$，*ARCH* 模型很好地估计了时间序列的波动性，解决了传统计量经济学中同方差所引起的问题。波勒斯勒夫（Bollerslev）于 1986 年拓展了 *ARCH* 模型，称之为广义的 *ARCH* 模型（简称 *GARCH* 模型），Michael Schroder 和 Martin schuler（2003）利用 *GARCH* 方法测度了欧洲银行业一体化后潜在的系统性风险。

之后，一些学者提出了一些其他形式 *GARCH* 拓展模型，如 Nelson（1991）提出的指数 *GARCH* 模型（简称 *EGARCH*），Glosten 等（1993）和 Zakonian（1994）提出了门限广义自回归条件异方差模型（简称 *TGARCH*），Engle 和 Ng（1993）及 Duan（1995）提出了非对称广义自回归条件异方差模型（简称 *NGARCH*）等一些计算波动率的模型。

2.1.3 范围法

范围法指测量系统性金融风险时，并非用总波动率或总风险值，而是选取其中的一个值，这个值可以是某种形式的均值，也可以是某一个分位数，还可以是极端值，主要有 *VaR*、*ES*、*CoVaR* 和分位数回归等模型。在险价值（Value at Risk，VaR）采用一种分位数的方法来测算风险，目前应用较广，在华尔街是人尽皆知的工具，能够用于任何类型的风险资产组合，可以用一个统一的标准对不同类型的风险资产及其组合的风险进行直观比较。VaR 是在给定的水平下，未来特定一段时间内资产或资产组合可能遭受的最大损失，如在 95% 的置信水平下，投资组合的每日 *VaR* 为 100 元，意味着在市场正常运转的情况下，该投资组合一天内的损失超过 100 元的概率只有 1-95%＝5%，具体原理如下。

$$P\{L \geq VaR\} = 1 - \alpha，或者 P\{L \leq VaR\} = \alpha$$

其中，$1 - \alpha$ 为置信水平，L 为资产损失，*VaR* 表示风险价值，经计算 $VaR = v_0 z_\alpha \sigma \sqrt{\Delta t}$，$v_0$ 为资产的初始价值，z_α 为在置信水平 α 下标准正态分布的临界值，Δt 为变化时间。目前，学者基于市场数据的风险分析多用在险价值进行度量（Linsmeier 和 Pearson，2000）。

由于 *VaR* 模型要求正态性，导致其应用存在一定的局限性，预期损失（expected shortfall，ES）风险度量是针对 *VaR* 风险度量的局限性提出的一种风险度量方法，相比 *VaR* 而言，有更优的统计特性。ES 表示的是在一定置信水平下，超过 *VaR* 这一临界损失的风险事件导致的收益或损失 X 的平均数或期望值，是对 *VaR* 风险度量方法的有益补充。具体原理如下。

$$ES_c = - E[X \mid X \leq - VaR_c(x)]$$

其中，VaR_c 为置信水平 c 时的 *VaR* 值，如果收益的分布为离散型，预期损失可以表示如下。

$$ES_c = \frac{1}{1 - c} \sum_{c = \alpha}^{1} X_\alpha P_\alpha$$

X_α 是置信水平为 α 时的最大损失，P_α 是置信水平为 α 时取得最大损失的概率。如果收益的分布为连续型，预期损失可以表示如下。

$$ES_c = \frac{1}{1-c} \int_c^1 VaR_\alpha \, d\alpha$$

Acharya 等（2010）在 ES 模型的基础上提出了 MSE（边际期望损失）模型和 SES（系统性期望损失）模型作为系统性金融风险的度量方法，这两种方法是对 ES 模型在应用领域上的拓展。

为了度量风险溢出效应，Adian 和 Brunnermeier（2011）提出了 CoVaR（条件风险价值）方法，是对 VaR 模型的一项历史性变革，CoVaR 与 VaR 方法不同，CoVaR 主要用于度量其他金融市场或金融机构在危机或高风险条件下的投资组合损失。具体模型如下。

$$P(y_{1t} \leqslant CoVaR_t^{12} \mid y_{2t-p} = VaR_{t-p}^2) = \alpha$$

其中，$1-\alpha$ 为置信水平，VaR_{t-p}^2 为金融资产滞后 p 期的风险价值，y 为资产价值，$CoVaR$ 在本质上是 VaR，表示第二种资产价值在 $t-p$ 期极端风险时资产 1 面临的风险水平，这时候，y_2 对 y_1 的溢出效应可表示如下。

$$\%CoVaR_t^{12} = \frac{CoVaR_t^{12} - VaR_t^1}{VaR_t^1} \times 100\%$$

VaR_t^1 表示金融资产 y_1 在 t 时期在险价值，即无条件的在险价值。条件风险价值不仅适用于两机构之间和两资产之间的相关关系分析，也适用于金融子市场和金融体系之间的相关关系。例如，y_1 为整个金融体系，y_2 为单个金融市场，则 CoVaR 计算的便是单个金融市场发生极端风险时系统性金融风险的水平。基于此应用，CoVaR 对于金融机构和监管当局来说尤为重要，CoVaR 能够更加准确地描述在危机中的风险，能够反映出单个金融机构对系统性风险的影响，有助于对系统重要性机构的识别。考虑到现实中金融机构风险计量之间的非线性特征，Girardi 和 Ergün（2013）对 CoVaR 的定义做了进一步推广，并用多维 GARCH 模型来估计金融机构之间的 CoVaR。另外，CoVaR 与 MSE 在应用上很类似，经常被拿来做比较。用于衡量非线性关系的方法还有分位数回归模型。事实上，该方法可看作 CoVaR 方法的一种实现，具体模型如下。

$$CDS_i = \alpha_\tau + \sum_{i=1}^k \beta_{\tau i} R_i + \beta_{\tau i} CDS_j$$

CDS_i 表示第 i 个金融机构的 CDS 利差，表示该机构的信用风险程度，R_i 为市场风险总水平，其中 τ 表示给定的分位数，参数 $\beta_{\tau i}$ 表示在不同的分位数上，金融机构 j 对金融机构 i 的影响程度。根据 VaR 的计算方法及分位数回归的计算结果，通过以下公式计算条件共同风险。

$$条件共同风险(i, j) = 100 \times \frac{\alpha_{95} + \sum\limits_{i}^{k} \beta_{95,\ i} R_i + \beta_{95,\ j} CDS_j(95)}{CDS_i(95)}$$

2.2　预警分析与压力测试

2.2.1　预警模型

　　早期的预警模型（*EWS*）研究主要是在 20 世纪 90 年代，最早用于测算金融危机是否会发生。由货币危机引发的金融危机恐慌导致了该模型的发展。这类模型主要有 *FR* 概率模型、*STV* 模型、*KLR* 信号法、*DCSD* 模型及神经网络模型等。系统性金融风险是一个连续的变量；金融危机是系统性金融风险积累到一定程度，超出金融体系负荷时爆发的结果。如果可以找到影响金融危机的关键因素，系统性金融风险的大小即金融危机发生的可能性大小可以通过一个虚拟被解释变量回归模型进行测度，这就是 *FR* 模型的原理。*FR* 概率模型是早期预警模型法的代表，Frankel 和 Rose（1996）最早采用 *FR* 概率模型用 105 个国家的季度数据对危机进行了预测，验证何种情况下危机发生的概率较高。*FR* 模型的优点是：模型构建简单，数据取得容易，方法较为成熟，应用较为广泛。缺陷主要有：建立模型时需进行多次的估计，导致信息被过度使用，降低了预警的准确性；模型采用的是年度数据，样本数据太少，以至于假定条件得不到满足；模型存在适用性的问题，由于没有考虑国家之间的差异性，导致 *FR* 概率模型的适用性存在一定的限制。Berg 和 Pattliio（1999）在用 *FR* 模型预测爆发的 69 次危机中，只有 17 次预测准确，在 711 个平静期中出现了 33 次错误，主要原因是样本数据的 105 个国家具体情况相差甚远。

　　STV 模型（横截面回归模型）是 Sachs 等于 1996 年采用的一种方法，他们吸取了 *FR* 的经验，考虑了国家之间的差异性，将样本国家进行了分类，集中分析危机成因类似的一组国家，同时选出了重要的解释变量。该模型的样本数据为月度数据，在一定程度上可视为对 *FR* 模型的改良，模型共包含虚拟变量在内的 6 个自变量，其中外汇储备的变动既作为自变量又作为因变量，导致模型估计的准确性存在一定的问题。*STV* 模型在变量的设定时考虑了国别因素，增加了模型的适用性，但同时也给模型造成了困难，

要找到一系列相似的样本国，在操作上实属不易。另外，该模型在选择影响因素的范围及危机指数的定义方面都存在问题。影响因素只考虑汇率、国内私人贷款、国际储备与广义货币比率等因素，危机指数仅用国际储备变动率来表示，不够全面。

KLR 信号分析法是 IMF 两大预警模型之一，其理论基础是研究经济周期转折的信号理论，最初用于货币危机的研究。KLR 信号分析法主要有两个步骤，第一步为确定危机的原因变量，第二步为确定危机的预警指标及阈值，该预警模型最大的优点在于其先导指标体系会使信号提前危机发出，使管理部门有足够的时间提前应对，是一种真正意义上的预警机制，较 FR 模型和 STV 模型，理论较为完善，操作性较强，准确性也较高。KLR 信号分析法的主要缺陷在于用于预测的先行指标较少且对阈值的依赖程度较高，导致模型的准确性降低。另外，模型只能给出报警信号，未来危机发生的概率并未给出。Berg 和 Pattliio（1999）用该方法对亚洲金融危机进行了预测，预测效果并不理想，将近 70% 的危机没有提前发出信号，提前发出信号的准确率也不太高。除了上述缺陷，此模型最大的局限性在于只能用于非结构经济模型。

1999 年，国际货币基金组织研究部的一个机构提出 $DSCD$ 模型，该模型是在 FR 概率回归模型与 KLR 信号分析模型的基础上开发而成的，结合了 KLR 方法月度指标和 FR 概率模型多变量的全面性，作为 IMF 预警的两大模型之一，具有不可替代的作用。Andrew Berg 等（2005）对模型进行了检验，在预测的样本数据内，有一半以上可能发生危机的国家都得到了验证，表明该模型预测性能较好。该模型并非仅仅考虑单个变量对模型的影响，还考虑了变量之间的相关性，以便将不同变量整合为一个综合概率，且从样本外预测绩效的角度来分析，$DSCD$ 模型的表现明显较好，尤其对于亚洲危机的预测效果更好。

人工神经网络（ANN）模型由 Nag 和 Mitra（1999）首次提出并用于对金融危机的预警，是距现在时间最近的预警模型，该模型建立在对人脑抽象模拟的基础之上，是人工智能的产物之一。ANN 模型能够对大规模的数据进行处理，可以解决很多复杂的以至于难以用数学模型描述的问题，较之前 4 种方法，从思想和技术双重层面对货币危机预警做了拓宽和突破，其缺陷是在模拟数据时可能会有过度适应的风险。另外，ANN 模型的"黑箱"特性导致无法估计系数，且很难确定异常指标，及指标的预测能力，在应用上也存在一些问题。

除上述提到的常见的预警模型，还有一些其他的预警模型，这里不再过多介绍。预警模型在国内也得到了一定的应用，唐旭和张伟（2002）从股票市场、货币和银行三个方面用 *KLR* 模型构建了中国金融危机的预警系统；张元萍、孙刚（2004）在对金融危机爆发原因解释的基础上，借鉴在国际上影响广泛的 *STV* 横截面回归模型和 *KLR* 信号分析法对我国发生金融危机的可能性进行了实证分析，得出由于中国的金融体制比较特殊，因此外部的冲击要比内部的冲击影响更大的结论；陈全功（2004）对货币危机预警模型的理论进行了梳理，并对各个模型的预测能力进行评估，同时考察了各个模型在国际和国内的实施情况；马德功等（2007）在总结各个预警模型的优缺点的基础上，提出了适用于中国的预警模型。

2.2.2 压力测试

压力测试一般建立在构建金融压力指数的基础之上，结合 *CoVaR* 等方法或通过设定极端事件的阈值，进行压力测试。考虑到 *CoVaR* 等方法上述部分已做阐释，这里仅归纳金融压力指数的研究。金融压力指数法（Financial Stress Index，FSI）由早期的预警模型演变而来，用一个综合指数反映整个金融体系的风险状况，最早由 Goodhart 和 Hofmann（2001）提出。根据综合指数的构建步骤，构建金融压力指数需要注意三点：一是确定重要的子系统。子系统的选择须尽量涵盖金融体系的各个方面，一般包括一国银行、外汇、股票、保险等主要金融市场。二是选择代表各子系统金融压力状况的指标变量。指标的选取非常重要，必须要及时灵敏地反映各个子系统的金融压力状态，不仅要考虑子系统内部指标之间，也要考虑子系统之间的金融压力状态，既要全面兼顾又要相互补充，才能够更为真实地体现金融压力状况。三是选择合适的方法计算综合指数，主要包括主成分分析、*AHP* 层次分析法等。方法的恰当与否要以能反映本国的金融风险水平大小为宜。由于影响金融压力的因素种类众多，且不同国家的金融环境迥异，再加上金融压力指数的构建方法不唯一，因此国际上尚未形成具有代表性的金融压力指数。金融压力指数是由金融危机预警模型演变而来的，需注意金融压力指数用于预警时的阈值选择很重要。如果阈值设定得太高，金融压力指数不能及时进行预警，导致救助不及时引发金融危机；如果阈值设定得太低，可能会影响一个国家的金融发展水平。目前较为认同的阈值设定有两种方法：一是综合指数均值的几倍标准差；二是历史上金融危机实际发生时的综合指数值。最早的金融压力指数是由加拿大的银行家和经济学家

Illing 和 Liu（2003）构建的，选取的子系统为银行、债券、股票和外汇 4 个市场，采用共 9 个指标用 4 种不同的方法构建了加拿大的金融压力指数，并比较了 4 种方法的优劣；2008 年国际金融危机后，IMF、美国圣路易斯联邦储备银行、克利夫兰储备银行等机构相继研究开发出各自的金融压力指数，并通过金融压力指数监测金融市场；IMF 2008 年选取的子系统包含银行、证券和外汇 3 个市场，共 7 个指标；美国圣路易斯联邦储备银行 2009 年选取了利率、利差等 16 个指标；克利夫兰联邦储备银行 2009 年选取了股票、资金、信贷、外汇、房地产和证券化市场 6 个子系统；Balakrishnan 等（2011）采用等权法选取了银行、债券、股票和外汇 4 个市场的 5 个指标，构建了发达经济体的金融压力指数和新兴国家的金融压力指数；Cardarelli（2011）从银行、债券、股票和外汇 4 个市场中选取了 7 个指标构建了金融压力指数；Hakkio 和 Keeton（2009）选取了 11 个指标用主成分分析方法构建了金融压力指数；Grimaldi（2010）基于 Logistic 回归模型构建了欧洲金融压力指数，并分析了样本期间内典型的金融压力事件；Louzis 和 Vouldis（2012）利用多元 GARCH 模型来捕捉意外变化，基于市场和资产负债表的相关数据建立了希腊的金融压力指数；Oet 等（2012）采用非参数估计方法估计了各市场动态权重，选取 4 大主要金融市场（信贷、外汇、股票及银行间市场）的日交易数据建立了美国的金融压力指数，并将其用于监测系统性金融风险。国内关于构建金融压力指数的研究虽起步较晚，但目前也取得了一定的成就。赖娟和吕江林（2010）选取了债券、银行、股票和外汇 4 个子市场的 4 个指标，将标准化的指标进行加总作为中国的金融压力指数；李良松（2011）选取了 6 个指标编制中国金融市场压力指数，实证研究结果表明该指数能够较好地刻画我国金融市场的压力变动情况；郑桂环等（2014）选取了 4 个子系统（银行、证券、外汇和保险市场）的 10 个指标，运用多种方法构建了我国多个金融压力指数，都能够较好地反映我国不同时期的金融压力状况；张晶和高晴（2015）将金融系统按金融市场、金融中介和金融基础进行划分，并进一步划分成银行业、股票市场、债券市场、外汇市场和货币市场 5 个子系统，每个子系统选择 3 个指标，15 个指标构建了中国的金融压力指数；许涤龙和陈双莲（2015）选取了银行、房地产、股票市场和外部金融市场 4 个子系统，采用 CRITIC 赋权法构建金融压力指数，并综合测度我国面临的金融压力；徐国祥和李波（2017）选取了 4 个市场（银行、股票、债券和外汇市场），采用因子分析法基于日度数据构建了中国金融压力指数（CFSI）；仲文娜和朱保华（2018）选取了 6

个子系统，采用动态相关系数和动态信用加权方法，构建了月度的中国金融体系压力指数（CFSSI），并通过一定的方法对该指数识别效果进行检验。

2.3 系统性金融风险防范与化解

系统性金融风险积累到一定程度，一旦引发金融危机，将会给整个金融体系和实体经济造成无法估计的损失，因此对系统性金融风险的防范和化解研究尤为重要。目前，国内外对于系统性金融风险的防范主要是从预警和监管入手，各国通过建立自己的预警模型，对系统性金融风险进行监测，具体的预警模型上述部分已进行阐述。对于系统性金融风险的监管，目前较为流行的一个词是宏观审慎，早期的监管主要是从微观审慎角度出发，1987年宏观审慎才被正式提出，1997年亚洲金融危机之后宏观审慎得到了更多的关注，这种监管模式提高了监管的覆盖范围，通过构建宏观审慎监管指标，对系统性重要金融部门和机构给予重点关注。在宏观审慎监管模式中，重点提到了系统性重要金融部门和机构，加强系统重要性金融机构监管是2008年国际金融危机以来国际社会的共识。2009年底，根据G20峰会的要求，IMF、BIS和FSB共同制定并发布了《系统重要性金融机构、市场和工具的评估指引》，提出了系统重要性金融机构的评估方法。关于系统重要性金融机构的识别与监管已被很多学者提及，主要通过构建压力指数和压力测试进行。

关于系统性金融风险的防范，各国具体的做法有：美国成立金融稳定监督委员会，先后通过了以《多德—弗兰克华尔街改革和消费者保护法案》为主的多个法案等，为防范系统性金融风险提供了翔实的解决办法。目前，美国正在将大数据方法引入宏观审慎监管信息分析中。欧盟理事会成立欧盟系统风险委员会和欧盟金融监管系统，形成了一个多层次的、宏观审慎与微观审慎相结合的监管体系。德国也设立了金融稳定委员会进行宏观审慎监管，该委员会采用三大政策工具实施金融监管。英国设立了金融政策委员会，对系统性金融风险进行识别和监测；英国的金融服务局分成两部分，分别为审慎监管局和金融行为局，二者分工明确，互相协调，运用不同的工具和要求调控金融风险。日本于1998年设立金融监督厅和金融再生委员会，目前由金融厅（原金融监督厅）负责监管所有金融机构。

中国这方面的工作起步较晚，于2017年和2018年先后设立国务院金融稳定发展委员会和中国银行保险监督管理委员会。两者分工不同，金融稳定发展委员会主要承担统筹金融改革发展与监管、协调相关政策、研究系统性金融风险防范与维护金融稳定政策的职责；中国银行保险监督管理委员会主要对银行业和保险业进行监管，拟定重要法律法规草案。这是我国的一项重大变革，至此之后，我国"一行三会"监管模式成为历史，"一委一行两会"监管新格局基本形成。

关于系统性金融风险的化解，Mishkin（2001）提出了十二项金融改革，具体包含审慎监管、会计和披露要求、法律与司法制度、市场纪律、外资银行的进入、资本监控、减少国有金融机构、限制外债水平、消除金融机构"大而不能倒"现象、安排好金融自由化秩序、货币政策与价格稳定，以及汇率体制和外汇储备。这一金融改革几乎涵盖了所有系统性金融风险的化解思路，唯独缺乏金融创新。关于金融创新，目前存在两种对立的意见，一种观点认为，过度的金融创新会增加系统性金融风险，导致金融危机，最有说服力的实例就是美国 2008 年的金融危机，Reinhart 等（2008）认为，过度的房地产金融创新会增大房地产信贷资产泡沫，加剧金融风险；Mian 和 Sufi（2009）、Diamond 和 Rajan（2009）认为，证券化加剧信贷扩张是影响房价泡沫最终破灭的因素。另一种观点则认为，金融创新的初始目的就是防范金融风险的影响和制约，金融创新可以化解系统性金融风险，Merton（1995）认为，金融创新的重要目的之一是转移和分散风险；BIS（1986）认为，金融创新可以将价格风险、信用风险等金融风险进行有效转移，具体来说，通过金融创新，可以增强金融机构的竞争实力和抗风险能力，解决货币政策传导机制不畅及直接融资与间接融资比例失衡的问题，促进金融市场主体多元化，防范金融发展中的无序竞争。介于两者之间还存在一种中立的观点。Elmendorf（2008）指出，金融创新对金融风险的影响到底为正还是为负不能用一句简单的话来说明，金融创新抑制了某些经济波动的同时，也放大了其他波动的影响，综合来说金融创新是一把"双刃剑"。事实上，任何金融创新都有着其深刻的社会经济原因，一般是为了发展金融市场，提高金融收益，规避金融风险，积极的效应占主流，但在金融创新的同时，也"创新"了新的风险隐患，如果规范性不够，监管不力，金融过度创新，就会偏离其最初的目的，产生"脱实向虚"的问题，造成泡沫增大，风险加剧，所以在创新的同时要加强监管，防止本末倒置。

目前，国内学者结合国内实际情况提出了防范系统性金融风险的措施。陈世清（2009）认为，防范系统性金融风险的核心是金融体系的改革；魏杰（2018）认为，预防系统性金融风险应从抑制资产泡沫、稳住外汇、稳住债务、治理金融秩序、运用好货币政策和宏观审慎政策 5 个方面着手；王国刚（2017）在对当前系统性金融风险的新内涵和新机制进行分析的基础上指出，要充分有效地防控系统性金融风险，除落实政府制定的一些举措外，还需要建立和完善金融数据和金融信息精准性的统计机制；黄益平（2017）认为，有效防控系统性金融风险从大的方向来说，可以把核心举措集中在改善宏观经济政策、强化市场纪律和改革金融监管框架三个方面；刘梅（2018）从金融体系自身和非金融部门两个层面、静态和动态两个维度来分析系统性金融风险防范的问题；郑联盛等（2018）认为，防范化解系统性金融风险应注重市场规律，重点防范国有企业和地方政府的债务风险，深化金融监管协调，提高监管体系的统一性、针对性和有效性，重点整治影子银行体系，构建涵盖表内和表外的全口径监管体系等。

2.4　文献评述

　　系统性金融风险是伴随着金融发展出现的，并非近期出现的新概念，而是一个历史性的话题。关于系统性金融风险的研究有很多，各个学者从各个方面对系统性金融风险进行了研究，考虑到本书的研究目的，仅从系统性金融风险的测度、系统性金融风险的预警分析与压力测试、系统性金融风险防范与化解这三个方面进行梳理。

　　由于系统性金融风险的研究是有历史积累的，且系统性金融风险的测度是研究系统性金融风险的基础，对分析系统性金融风险的产生原因和防范至关重要，所以目前研究成果颇为丰富。对于这方面梳理的研究亦有不少，本书从方法入手进行归类整理，梳理的内容包含三大类：概率法、范围法、波动法。其中概率法包含线性概率模型、非线性概率模型（广义线性概率模型）、CCA 模型。概率法给出了危机发生的概率，称之为危机发生的可能性，对于风险的观测简单直观，使得系统性金融风险的计算更为精确。当概率较大时，危机发生的可能性较大，风险较大；反之亦然。概率回归模型是预警模型的基础，非线性概率模型是线性概率模型的扩展，也称之为广义线性概率模型，通过模型变换解决了线性模型应用的局限，相对线性概率模型有更好的应用空间，应用最广的有 Logistic 模型和 Probit 模型。概率回归模型最大的优点就是直观简单，但一般拟合性较差，准确程度较低。CCA 模型的基础是期权定价模型，最早被用于企业信用的评估，经拓宽条件后被用于整个金融体系系统性金融风险的测量，部分学者也将其用于银行的违约风险预测，其特点是较依赖数据的分布特征，应用范围受限，一般常用于基于市场数据的风险测量。波动法包含标准差（方差）、半方差、下偏距等方法，将标准差来作为风险的测度值，简单易懂，考虑到风险并非一成不变，进而提出 *ARCH*、*GARCH* 等一系列的方法。范围法指在测量系统性金融风险时，用总波动率或总风险值的一个均值、分位数或极端值来表示，是建立在波动法基础之上的方法，具体包含的方法有 *VaR* 模型、*CoVaR* 模型、*ES* 模型、*CoDisk*。*VaR* 模型是总方差的尾部分位数，*VaR* 模型要求正态性，导致其应用存在一定的局限性，*ES* 表示在一定置信水平下，超过 *VaR* 这一临界损失的风险事件导致的收益或损失 *X* 的平均数或期望值，是对 *VaR* 风险度量方法的有益补充，且相比 *VaR* 而言，有更优的统计特性。*CoVaR* 方法运用 *VaR* 的方法和框架研究风险溢出效应，是对 *VaR* 模型的一项历史性变革，实现了均值之间相关性模型向只关注尾部相关性模型的拓展。

系统性金融风险的预警与压力测试部分主要针对预警模型和压力测试方面的研究进行了阐述。系统性金融风险的预警与压力测试建立在系统性金融风险测度的基础之上，是系统性金融风险测度的结果或应用，可用于寻找系统性金融风险的风险源。对于预警模型的梳理主要包括 *FR* 预警模型、*STV* 模型、*KLR* 信号法、*DSCD* 模型、人工神经网络（*ANN*）模型等，这些预警模型的共同点是找出影响金融危机的关键因素，再找到作为危机的代表值，通过一定的模型建立因素（解释变量）和危机（被解释变量）之间的关联，根据这种关联，一旦某一关键因素发生变化，引起被解释变量超过阈值时，就会产生报警，引起相关部门的注意，及早采取措施防范金融危机；不同点在于因素和危机的变量以及建立联系的方式不同。*FR* 预警模型是概率模型的应用，危机的变量是二元变量，模型构建简单，数据取得容易，方法较为成熟，应用较为广泛，准确度有所欠缺。*STV* 模型吸取了 *FR* 的经验，在一定程度上改进了 *FR* 模型，准确性有所提高，但却造成了解释变量增多，在操作上较难实现的问题，另外危机指数仅选用国际储备减少百分比来表示，较为片面。*KLR* 信号法较之前两种方法较为完善，操作性较强，预警准确性也较高，是目前最为流行的预警模型之一。其优点在于模型的先导指标体系会使得信号提前危机发生前一两年发出，是一种真正的预警机制；其缺点为用于预测的先行指标有限，对阈值的过度依赖造成准确性较低，且模型只能给出报警信号，无法给出未来危机发生的概率。*DSCD* 模型是在 *FR* 概率回归模型与 *KLR* 信号分析模型的基础上开发的，是 IMF 的预警模型之一，结合了 *FR* 概率回归模型与 *KLR* 信号分析模型的优点，预测的效果较好。人工神经网络（*ANN*）模型是人工智能的产物，可以处理大规模的数据，以及非线性的、关系不明确的、难以用数学模型描述的问题，较之前 4 种方法，无论是从思想上还是从技术上都是一种拓宽和突破。缺陷是由于其灵活性，在模拟数据时可能会有过度适应的风险，且在应用上也存在一些问题。压力测试主要从金融压力指数方面进行了梳理，原因在于压力测试一般都建立在构建金融压力指数的基础上。结合 *CoVaR* 等方法或通过设定极端事件的阈值，进行压力测试，构建金融压力指数可反映总体金融压力水平，同时也可反映单个金融市场对整个金融压力的影响情况。金融压力指数的构建原理与预警模型类似，只是因素与危机之间关系的建立采用综合指标法的方式，共同特点是简单清晰，可行性、可操作性和灵活性高，都可以反映金融体系的风险水平；不同点是金融压力指数的应用范围较广，且对于发生和未发生过金融危机的国家都适用。金融压力指数构建的灵活性及应用范围较广主要体现在不同国家和不同观点的学者可以选择不同的因素和不同的方法来构建压力指数，一般包括一国银行、股票、外汇、保险等金融市场。金融压力指数可通过设立阈值来反映压力情况，其构建综合指数权重的大小决定了系统性重要部门和机构，同时也是单个金融市场对整个金融市场压力测试的基础。

系统性金融风险的防范与化解建立在系统性金融风险的测度和影响因素的基础之上，目前国内外对于系统性金融风险的防范主要从预警和监管入手，采取宏观审慎的监管态度，对整个金融体系从总体上进行把握，重点关注系统性重要金融机构。各个国家也纷纷出台了监管政策，对系统性金融风险进行防范，总结起来主要包含金融创新、宏观调控和制度改革三方面的内容，另外不同的学者根据自己的研究也给出了不同的思路。

总结这几部分不难发现，在现有的系统性金融风险研究中，测度是基础，预警与压力测试是测度的结果，也可以认为是系统性金融风险的原因，防范与化解是目的，且绝大多数研究是这三个方面的综合体。在这个综合体中，系统性金融风险测度是一个纯技术性的问题，预警与压力测试研究的关键取决于两个方面，一是预警模型形式的选择，是一个纯技术问题，这就决定了不断开发新的风险分析技术成为当前的一个重要趋势；二是模型变量的选择，模型变量的选择就是要找到影响系统性金融风险的主要因素。防范与化解则是一个政策问题，涉及相关组织和部门的法规及政策。系统性金融风险爆发的结果是金融危机，鉴于中国并没有发生过金融危机，上述所有关于系统性金融风险的测度、预警与压力测试及防范与化解的方法研究几乎都来源于国外，国内的研究均参考国外的实践和研究，以借鉴为主。在现有国际货币制度安排下，美国的经济与金融状况对全球经济与金融具有决定性影响，也是市场经济最具有代表性的经济体。随着国内外的差异的明显缩小，其无疑为研究我国系统性金融风险奠定了基础，并提供了良好的技术支持。然而也必须看到，我国的社会主义性质与以美国为代表的资本主义制度的实质差别，这种差别虽然不影响风险度量及分析技术，但在系统性金融风险产生的原因、演化过程及表现形式、化解路径及防范措施上都存在显著的差异。如何借鉴国外有关系统性金融风险的先进度量方法及分析技术，并结合中国特色社会主义市场经济体制来系统研究我国系统性金融风险的表现形式、测度、原因、化解路径及防范措施是本书的主要目的。另外，系统性金融风险是一个连续值，金融市场每一个时期都有一个时期的特点，即便国内有不少学者曾经研究过，但对系统性金融风险的研究依然有时代必要性。

第3章 我国系统性金融风险的测度

系统性金融风险是指整个金融体系的风险，金融体系是系统性金融风险的载体。金融体系是由金融机构、金融市场、金融工具、金融资产和金融监管机构等组成的综合体。在特定的经济制度安排背景下，金融体系的各种金融成分的规模、比例和相互作用方式表现为一定的结构特征，称之为金融体系结构。金融结构反映了金融体系的特征、功能及效率，同时也决定了系统性金融风险的风险源、主要研究对象、影响程度及其相互关系。在我们考察系统性金融风险的度量、表现形式及其对社会经济的影响之前，更重要的是深入金融体系结构（简称金融结构）的层面去研究结构特征、关联性等。

3.1 金融体系结构的形成与演化

3.1.1 金融结构的形成

金融结构是金融体系的结构属性，金融结构的形成是建立在金融体系形成的基础之上的，金融结构形成依赖于金融体系的形成过程。金融体系是指一个经济体中资金流动的基本框架，是各种金融机构、金融市场、金融工具、金融资产和金融监管机构等组成的综合体，最基本的功能便是引导资金从储蓄转化为投资。最早的金融体系要追溯到货币和金融的起源，其形成过程与社会分工和经济发展密不可分，是在漫长的融资活动演进过程中逐渐形成的。最开始，物物交换的时代并没有金融体系，货币的产生是金融体系形成的初级阶段，其特征为：金融工具单一，只限贵金属或金属货币；贷款使用较少，主要用于个人消费需要和农业生产等；金融中介单一，仅限于货币兑换者和早期的银行。进入中世纪之后，新形式的银行和保险等金融中介的出现，使得金融水平不断提高，可称之为金融体系发展的第二个阶段，其特征为：金融交易工具种类增多，在原来唯一的贷款工具的基础上增加了贸易信贷、抵押和债券；金融机构增加了保险公司。18世纪初期，金融体系又有了新的变化，称之为第三阶段，其特征为：金融市场规模得到了发展，形式趋于正式化；政府增加了对金融市场的参与和干涉。到目前为止，金融体系已基本发展成熟，表现为金融交易工具和金融机构不断增多，金融市场规模不断扩大，金融监管部门趋于完善。从叙述来看，随着时间的推移，金融交易越来越频繁，金融机构数量越来越多，金融工具也越来越多样化，但总存在某一类或某几类的金融工具被较多使用，某一类或某几类的金融机构规模显著大于其他的金融机构的现象。在金融的运行和发展过程中，金融工具的使用频率差别和金融结构的规模差别特征使得金融体系表现为某种结构状态，金融体系结构就出现了。金融结构的产生依赖于金融体系的发展过程，是金融体系在结构属性上的表现。

　　金融结构的研究最早应该始于格利与肖于 1960 年提出的广义的货币金融理论与金融机构理论。其在研究关于总储蓄等于总投资理论与实践不符的原因时，发现了投融资行为不可避免的原理，于是便提出金融交易及经济活动的"专业分工"，在此研究的基础上进一提出了融资有直接融资和间接融资两种形式。虽然格利与肖的研究理论中包含了金融机构、金融工具及融资方式等金融结构内容，但遗憾的是没有明确提出金融结构的概念。最早提出"金融结构"一词的是 Goldsmith（1969），其观点的提出是以真实数据为依托的。Goldsmith 通过研究长达百余年的金融发展史及 36 个国家的金融发展现状时发现，不同时期及不同国家的金融体系的特征不同，具体表现为金融工具形式与使用频率不同，各种金融机构的相对规模不同，不同特征的金融体系产生的金融功能不同，对经济的影响也不尽相同。在此基础上，提出一国的金融体系结构是由金融工具和金融机构决定的，金融体系的结构特征主要体现在金融体系中金融工具的相对使用频率和金融机构相对规模比率等，而金融结构的演变即为金融的发展。他采用定量的方法建立了一组指标体系，用于衡量一国金融结构和金融发展水平，并根据指标结果结合现实进行了分析，具体内容有以下几个指标。

　　（1）金融相关比率（FIR）。其反映的是金融资产总额与有形资产总额之间的关系，计算方法为某一日现有的金融资产总额/国民收入，用于衡量一国经济体系的金融化程度。金融相关比率与金融化程度成正比，金融相关比率越高，国家的金融化程度越高，说明金融体系在经济发展中越重要。

　　（2）金融体系的结构指标。其主要包含三个内容，第一个内容是金融资产和负债在不同金融工具之间的比率，可以由各主要类型的金融工具在金融工具总额中的份额来衡量。具体可由股票/债券、长期债券/短期债券等算出，反映了各类金融工具在一国金融活动中的相对重要程度。第二个内容是不同经济部门之间金融资产和负债的分布，由各部门的金融资产/总的金融资产计算，数值的大小可反映各种金融工具的部门普及程度及各部门对金融工具的偏好。第三个内容是金融机构化程度指标，通常用金融机构的金融资产与负债占金融总资产与总负债的比率表示，反映了金融机构的相对规模，在一定程度上反映了一国金融机构化程度。

3.1.2 金融结构的演化

金融体系结构并不是固定不变的，而是随着金融的发展而变化的。一般来说，一个国家的金融结构是金融发展的自然、客观结果，由金融发展的内在机制决定的，是金融发展状况的现实体现。金融体系结构的演化指金融工具的运用和金融机构的规模在金融运行和发展过程中发生了变化，这一变化在经济运行和社会体系发展过程中逐渐被积累，最终导致了金融结构的变化。

Goldsmith 根据金融相关比率，对金融体系结构进行了划分，具体分为三种不同阶段的类型。这三种阶段是按金融体系水平从低到高排序的，这种划分也体系了金融体系结构的演化过程，具体见表 3.1。

表 3.1　金融体系结构的三个阶段

阶段	时期和国家	金融相关比率	特征
阶段一：初级阶段	17 世纪中期欧洲和北美	0.2~0.5 金融相关比率很低	商业银行地位突出；金融工具单一；金融体系雏形期
阶段二：发展阶段	20 世纪上半叶非工业化国家，西班牙、拉丁美洲、东南亚等	0.5~1 金融相关比率较低	银行比例相对较高；债券资产为主；政府参与和干预较强；出现了不少大型股份公司
阶段三：成熟阶段	20 世纪以后较发达的西方国家	1~2 金融相关比率升高	证券、保险等非银行金融机构的市场份额提高；股权资产占金融总资产的比例提高；金融机构的多元化趋势明显

根据表 3.1 可知，金融体系结构的发展最早依赖于银行机构的发展，之后表现为银行机构在金融体系中的地位降低，非银行机构的地位升高，金融市场占比不断提高，金融机构与金融工具的种类增多。从表 3.1 中国家角

度来看，金融市场化水平与经济发展水平正相关程度较高，这是因为：第一，实体经济发展的需要。实体经济的发展要求金融工具创新、金融市场规模扩张，金融工具种类和金融机构规模的相对变化会打破金融体系结构原有的平衡，对原来的金融体系组成进行重新调整和修改，甚至会彻底改变，完成金融体系结构的变迁。第二，制度变革。不同的制度安排决定了不同的金融结构布局。计划经济体制的特点是政府对经济的干预程度较强，金融的发展要在政府的管控之下，表现出来的特点就是金融工具单一，金融业务单调，投资需求被压制，金融开放程度低，金融市场得不到发展，金融体系结构高度集中，只有计划没有市场。市场经济体制则不同，政府对于经济的干预程度较低，市场交易活跃，金融创新层出不穷，由此产生的金融工具和新兴金融机构丰富多彩，金融结构呈现出多元化特征。第三，金融创新。金融体系结构的演变体现为金融工具和金融机构相对规模的变化，而金融工具和金融机构的变化来源于金融创新。金融创新是金融发展的动力，当旧的金融体系结构阻碍金融发展时，需要借助金融创新寻找新的发展动力，金融创新可以创造新的金融工具和新的金融交易形式，新的金融工具和交易形式的产生满足经济发展需求的同时，也会突破原有的金融体系结构，达到金融体系结构的变迁。第四，技术进步。技术进步是必要的技术保障，技术的进步可以突破金融业在业务操作、产品研发等方面的障碍，依靠新的技术改变交易方式和金融工具，进而改变原有的金融体系结构。

综上所述，金融结构的变迁表现为原来金融体系的金融工具、交易方式和金融机构不能满足经济金融发展的要求时，利用金融创新和技术进步重新创造新的交易形式和金融工具形成新的金融机构，新的金融工具和金融机构等金融要素的变化会突破原有的金融结构平衡，直至各种金融要素重新达到平衡，即新的金融体系结构形成。

进入 21 世纪后，全球经济又表现出新的时代特征，经济金融全球化程度不断加强，金融体系的层次和结构更为复杂。在之前的金融体系结构的研究上，一些学者做出了补充和发展，主要体现在两点：一是对金融相关比率分析和分母的拓宽；二是金融体系的组成。这些新的研究从金融发展的实际情况入手，更符合现代金融特征，时代应用性较强。

3.2 金融体系结构的分类

金融发展的水平决定了金融体系结构，世界各国的经济金融发展水平参差不齐，导致金融体系结构不尽相同，根据目前各个国家金融体系的发展特征不同，普遍被接受的金融体系结构分类为"两分法"：以金融市场为主的金融体系结构和以银行中介为主的金融体系结构，英国和美国是以市场为主导的金融体系结构，日本和法国则是以银行为主导的金融体系结构。

3.2.1 两分法

关于金融结构的划分，不同的学者有不同的意见，目前普遍被接受的是"两分法"。该理论将世界各国的金融结构一分为二，分为银行主导型金融体系结构与金融市场主导型金融体系结构。两分法的主要划分依据是不同融资方式的相对规模，直接融资占总融资规模较高的金融体系结构为市场主导型，金融市场在金融体系中占主要地位；间接融资占总融资规模较高的金融体系结构为银行主导型，银行机构在金融体系中占据统治地位。"两分法"是最能体现一国金融结构特征的分类方法，按融资方式的划分标准涵盖了金融机构和金融工具等内容，真正反映了一国金融体系的结构属性，同时融资方式的改变表现为金融体系结构的改变，反映了金融的发展。

如何判断一个国家金融体系的结构类型，不同的学者给出了不同的方法，总体来看，主要从融资方式（资产类型规模）和金融机构的相对重要性方面来判断。Allen 和 Gale（2000）给出的方法最为直观和简洁，根据上述两种金融体系结构的概念，以及金融体系结构的划分依据，最为直接的办法可用股票市场融资与总融资规模相比，当这一比率显著高于50%时，说明该国或地区的金融体系结构为市场主导型，这一比率显著低于50%时，可认为该国或地区的金融体系结构为银行主导型。

关于这两种金融结构类型的优劣，不同的学者有不同的看法，主要的争论点在于是否有助于促进经济增长和金融稳定，有的学者认为，市场主导的金融结构体系更有助于促进经济增长但不利于金融稳定，另一种看法则反之，还有一部分学者认为，金融结构与这两者并不存在任何关系，到目前为止也并没有一个定论。之后，出现了"最优金融结构"一说，最早定义最优金融结构理论的学者是林毅夫（2009），他认为与经济发展相适应的金融体系结构为最优金融体系结构，有着最优金融体系结构的金融体系可以更好地发挥资金的配置作用，为实体经济提供最优的金融服务，满足经济发展的需要，不存在对所有金融体系都适用的金融体系结构，每个经济发展阶段最优的金融体系结构不同。

3.2.2　我国金融体系结构

改革开放以来，中国金融体系发生了巨大变迁。最开始的金融体系是以中央银行为主的"大一统"金融格局，随着金融的发展，我国的金融机构在原来单一银行机构的基础上增加了股票、债券、保险等机构，金融市场得到了迅速的发展，金融创新使得金融工具增加，金融交易越来越活跃。到目前为止，我国的金融体系演变成以银行为主体，多种金融机构并存的体系结构；货币市场、资本市场、外汇市场、黄金市场共存的金融市场体系；以中国人民银行、中国银保监会、中国证监会为首的金融管理体系。金融体系的日益完善，充分地发挥了金融功能，在服务实体经济方面作出了重要的贡献。中央银行又称中国人民银行，是制定和施行货币政策的机构，通过运用一系列金融工具来实现对经济的调控。银监会统一监管银行、金融资管公司、信托及其他金融机构，与金融有关的都属于银监会的管理范畴。2018 年 3 月，银监会和保监会合并，组成银保监会，目前银保监会才是监管机构。证监会负责统一监督管理全国证券市场，保障其合法运行。金融机构包括银行机构、证券机构、保险机构及其他形式的金融机构。

各个金融市场的情况为：建立了包括同业拆借市场、银行间债券市场和票据市场等较为完善的货币市场；形成了以债券和股票为主的多种证券形式并存，包括证券交易所、市场中介机构和监管机构的多层次资本市场体系；保险市场深度、广度扩大，保险业务品种日益丰富，保费收入增长较快；外汇市场发展迅速，目前实行有管理的浮动汇率制度。整个金融体系的融资规模逐渐上涨。2018 年底总融资规模为 19.26 万亿元；截至 2021 年底，总融资规模达到 31.34 万亿元，其中以银行贷款为主的间接融资和以证券为代表的直接融资比率见图 3.1，样本区间为 2002—2021 年数据。

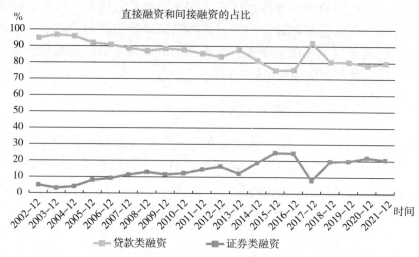

图3.1　我国两种融资方式的融资规模占社会总融资规模的比重

（资料来源：Wind 数据库）

观察图3.1，以证券为主的直接融资和以贷款为主的间接融资在社会融资结构中的相对重要性随着时间的变化而波动，总体呈现此消彼长的态势。其中，以银行类贷款为代表的间接融资从 2002 年末至 2016 年末在全社会融资中占比持续下降，除 2015 年末和 2016 年末，其余年份的数据均高于 80%，即便 2015 年末和 2016 年末的数据低于 80%，但仍高于 75%，2017 年末又出现翘尾的现象。而以证券等为代表的直接融资，虽从 2002 年末至 2016 年末在全社会融资中占比持续上升，在 2015 年末和 2016 年末达到最高，但也低于 20%，2017 年末出现转折，占比低于 10%。2018 年有所提升，占比接近 20%，之后较为平稳，直接融资占比约为 20%。从总体趋势上来看，虽然直接融资占比逐渐提高，但以银行贷款为主体的间接融资地位并未动摇，由此可以看出我国银行类贷款的间接融资为我国融资的主要方式，依据金融结构的概念和"两分法"的原理，按照 Allen 和 Gale 的判断方法，我国金融体系结构为典型的银行主导型。

3.3　银行主导型金融体系结构的层次性

银行主导型的金融体系结构表明银行业在金融活动中占主要地位，股票市场在金融活动中处于次要地位，对银行主导型金融体系结构分析的重点是对银行业的分析。银行业本身并非为单一的机构，而是一个综合的部门，由多个机构共同组成的复杂部门。每个机构在部门中承担的角色不同，地位不同，所承担的市场份额也不同，表现出一定的市场结构特征。对银行业进行市场结构的分析即为对银行主导型金融体系结构的层次分析。

3.3.1　银行业市场结构

银行业市场结构的理论来源于传统产业组织理论，是指构成银行业市场主体的银行在数量、份额、规模等方面具有相对占比情况，产业组织理论主要从垄断与竞争的视角来研究市场结构，简单来说，银行业的市场结构阐述的是银行业的垄断竞争程度。按照目前的研究，银行业市场结构可划分为 4 种基本类型，分别为完全垄断结构、寡头垄断结构、垄断竞争结构及完全竞争结构，这 4 种类型是按照竞争程度从低到高进行划分的。

决定市场竞争和垄断程度的主要因素是市场份额、市场集中度、产品差异化、规模经济和市场进退壁垒等。市场份额的分布情况是市场结构最重要的指标，是指银行资产等占整个银行业资产的比率，具体包括总资产占比、总负债占比和存贷款占比指标等。在银行业中银行的数量较多，且每个银行所占的市场份额相差不多，银行业的垄断程度较低。相反，少数的银行占据了大部分的市场份额，银行业的市场垄断程度较高。

反映银行业竞争和垄断程度的另一个指标是市场集中度，银行业的市场集中度是指银行业市场份额分配的非均匀性。一般而言，市场的集中度越高，说明银行业市场分配越不均匀，大部分的市场份额越集中到少数银行手里，银行业的垄断程度越高。反映市场结构的市场集中度常用的两个指标是行业集中率和赫芬达尔指数，这两个指标都在一定程度上反映了市场结构的特征。行业集中率可通过计算规模最大的几家银行的资产、收入、网点数等市场份额占比获得，赫芬达尔指数可由银行业中所有银行市场份额占比的平方和获得。除这两个外，用于反映市场集中度的指标还有嫡指数、勒纳指数、贝恩指数、洛伦兹曲线和基尼系数。植草益（1963）和日本公正交易委员（1980）通过计算市场和行业集中度对日本的银行进行了分类；中国学者魏后凯（2002）在此基础上运用各种指数将市场结构具体划分为 6 种类型。

3.3.2　我国银行业的市场结构

在中国银行业的发展过程中，从最初中国人民银行独家垄断的大统一局面到"四大国有专业银行"的高度垄断，之后完成了国有银行股份制改革。随着银行业的深化改革，我国银行业已经初步形成了规模庞大、层次多样的银行体系，具体见图3.2。

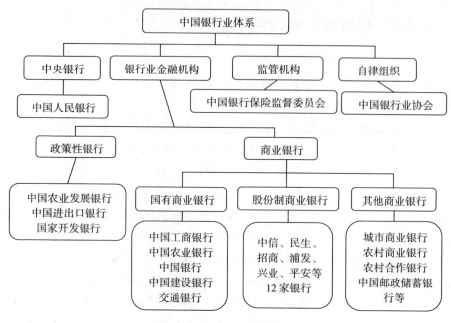

图3.2　我国银行业体系

根据图3.2，目前我国银行业由中央银行、银行业金融机构、监管机构和自律组织4部分组成。中国人民银行是我国的中央银行，主要负责制定实施货币政策与金融监管，是权力机构部门。中国银行业监督管理委员会简称银监会，目前已与保监会合并，称为银保监会，是银行业的监管部门。中国银行业协会是非营利社会团体，主要职责是维护会员的权益，督促会员履行义务，协调会员之间的关系。真正起融资作用的是银行业金融机构，包括政策性银行和商业银行，政策性银行并非营利性银行而是为国家政策服务，商业银行是依靠盈利运营的机构。我国商业银行包括中国工商银行、中国农业银行、中国银行、中国建设银行和交通银行五大国有商业银行，中信、民生、招商、浦发等12家股份制商业银行和146家城市商业银行、近百家的农村商业银行及一些其他的商业银行。

对我国银行业的市场结构分析主要是对银行业金融机构的市场结构分析。根据上述银行业市场结构的决定因素，无论是市场份额还是市场集中程度，关键测量的是银行所占市场份额是否均匀。如果是少数银行占据了大部分的市场份额，银行业的市场垄断程度就较强；反之，每个银行所占市场份额相差不多，则银行业的市场竞争程度就较强。表现银行市场份额的指标主要为总资产、总负债、存款和贷款占总银行市场的比率。

在中国的银行业金融机构中，我们经常会听到"五大行"之说，所谓五大行是指五家国有商业银行，之所以称之为"大行"，不仅因为它们是国有控股商业银行，还因为它们在人员、网点数量、资产规模、市场份额等方面均处于绝对垄断地位，对我国经济金融的发展起着举足轻重的作用，是我国银行的主体。银行部门各类银行的总资产规模见图 3.3，考虑到银行部门统计分类的变动，样本数据为 2010 年第一季度至 2021 年第四季度。

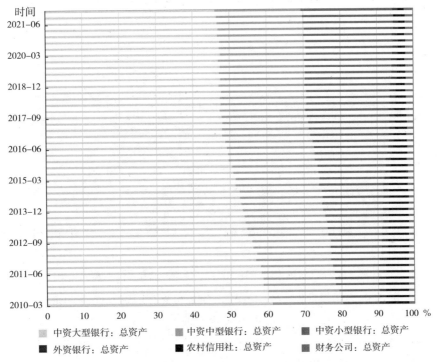

图 3.3　银行部门各类银行的总资产状况

（资料来源：Wind 数据库）

观察图 3.3，中资大型银行是指资产总量大于等于 2 万亿元的银行，包括五大国有银行、国家开发银行和邮政储蓄银行，其中五大国有银行为主体。中资中型银行和中资小型银行是指资产总量大于 0.3 万亿元小于 2 万亿元的银行和资产总量小于 0.3 万亿元的银行。从图 3.3 可以看出，一直以来，中资大型银行总资产占比最高，中资中型银行和中资小型银行的总资产规模相当，外资银行、农村信用社及财务公司占比最低。进一步通过表 3.2 和图 3.4 观察 2021 年各类银行总资产、总负债、存款和贷款占银行总市场的比率。

表 3.2　各类银行总资产、总负债、存款和贷款占银行总市场的比率　单位:%

项目	总资产	总负债	存款	贷款
国有商业银行	64.1681	65.4913	69.0668	65.3107
股份制商业银行	25.4832	21.7826	21.7826	25.7781
城市商业银行	8.5300	8.8905	7.3094	7.2116
其他银行	1.8187	2.0823	1.8412	1.6996

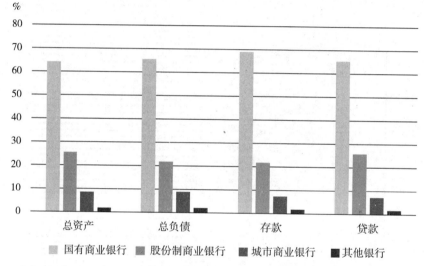

图 3.4　各类银行总资产、总负债、存款和贷款占银行总市场的比率
（资料来源：Wind 数据）

观察表 3.2 和图 3.4，五大国有商业银行在总资产、总负债、存款和贷款占银行总市场的比率均超过 60%，12 家股份制商业银行的各项占比为 21%~25%，100 多个城市商业银行的各项比率为 7%~8%，上百家其他银行占比最低，各项比率都低于 2%。以上数据说明我国银行业的市场结构垄断程度较高，五大国有商业银行占据了超过一半的市场份额，市场集中度较强，同时也说明了我国银行业的主体为五家国有商业银行。五大国有银行为我国银行业系统性重要银行。

3.4　银行主导型金融体系结构系统性金融风险测度

不同金融体系结构系统性金融风险的表现形式、风险载体不同，银行主导的金融体系系统性金融风险主要体现为银行部门中系统性重要银行的倒闭风险，市场主导的金融体系系统性金融风险主要体现为证券市场系统性风险。由此可知，美国和英国的系统性金融风险主要是证券市场的系统性风险，德国和日本的系统性金融风险主要是银行部门的系统性风险，重要银行的倒闭可视为系统性金融风险。我国金融结构是银行主导型的，我国的系统性金融风险是系统性重要银行的系统性风险。我国银行业的主体是中国工商银行、中国农业银行、中国银行、中国建设银行和交通银行五大国有商业银行，我国的系统性金融风险体现为五大国有商业银行的系统性风险。当这 5 家银行其中的任何一家出现危机时，由于其所占的市场份额及银行之间共同的风险敞口，可引发系统性金融风险。从这个意义上说，我国的系统性金融风险可归结为中国工商银行、中国农业银行、中国银行、中国建设银行和交通银行五大系统性重要银行中任何一家出现危机的风险。

3.4.1　银行危机的标准

（1）国际上银行危机的判断标准。

关于银行危机的判断标准有以下几种说法，KUNT 分别从银行坏账、国家挽救问题银行的成本、系统性重要性银行和银行挤兑 4 个方面界定了银行危机的爆发特征，如果银行坏账占总资产的比率超过 10%，国家的挽救成本超过 GDP 的 2%，系统性重要银行出现问题及国家在银行发生挤兑事件时采取了措施，这 4 个条件中任何一个条件具备可视为银行发生危机。Kaminsky 和 Reinhart（1996）认为，当银行产生挤兑被接管和政府大规模的救济导致其他金融机构大范围出现问题，可以认为发生了银行危机。Lindgren 等（1996）认为，银行危机只有在银行发生挤兑或大规模的政府干预时才会发生。综合以上分析，对银行危机的定义一般从银行自身问题和政府救助两个方面来阐述。国际上很多国家都设立了专门的银行破产制度，美国《联邦存款保险法》及《联邦存款保险改进法案》等对银行破产做了详尽的规定，英国制定了专门的《银行破产规则》，《巴塞尔协议Ⅲ》对于银行资本金的监管也提出了要求，一般认为一级资本充足率和总资本充足率低于要求时银行可进行清算。

（2）我国银行业的"父爱"特征。

1998 年，海南银行由于经营不善被工商银行接管；2022 年 8 月 26 日，银保监会官网发文称，原则同意辽宁太子河村镇银行［银保监复（2022）554 号］、辽阳农商行［银保监复（2022）555 号］等两家银行进入破产程序。除此之外，我国从未出现过银行破产现象，所以我国一直以来也没有自己的银行破产法。我国之所以未出现过银行破产，是因为我国是社会主义市场经济制度下以银行为主导型的金融体系国家，五大银行的国有属性就决定了其与生俱来的隐性存款保险制度（国家信用），且我国的社会、政治、经济制度决定了我国政府不可能容忍工行、农行、中行、建行、交行系统性重要银行中的任何一家直接破产，即便是五大银行中的任何一家出现财务困境，政府的"父爱主义"马上就会体现，采取各种办法加以救助，具体的救助方式包括直接注资及对不良资产进行处理等。我国对于商业银行的救助及不良贷款处理主要有 4 种方式，第一种是财政部通过发行特别国债，向商业银行进行注资；第二种是成立资产管理公司处理银行的不良贷款，降低银行的不良贷款率；第三种是商业银行内部处理，银行成立专门的监管部门，通过催收、追讨的方式回收不良贷款，并对不良贷款采用债务重组和债务剥离等方式来减轻风险；第四种是债转股，也就是我们通常讲的资产证券化，这种方式的实质是将风险进行了转移，减轻了政府的负担，是一种创新型的金融政策，目前应用较广泛。这就是说，在以银行为主导的金融体系结构下，如果以系统性重要银行破产作为衡量系统性金融风险的标志，那么，无论如何我国都不会发生系统性金融风险，但可能发生潜在的系统性金融风险（这里潜在的系统性金融风险指的是系统性风险演化到必须要化解的严重程度），所谓的系统性金融风险测度便是对潜在的系统性金融风险的度量。

（3）银行信用风险方法综述。

基于企业破产法的原则，企业最后破产的根本原因是资不抵债，属于信用风险的范畴，对于银行的破产风险可参考企业破产法的原则，从信用风险方面进行分析。1970 年以前，专家分析法应用较广，主要是从定性的角度来评估信用风险，分析工具有 5C 分析法、LAPP 法、五级分类法等；20 世纪 70 年代初到 80 年代末，基于财务指标的信用评分方法较为流行，如概率回归模型、奥特曼 Z 值模型与在此基础上改进的 ZETA 模型等；20

世纪 90 年代以后，随着市场经济的发展和技术的进步，数学工具被广泛用于评估信用风险中，违约概率和预期损失等指标的可计算性使得基于市场数据分析的信用评价模型迅速得到发展和应用，如 CCA 模型、Credit Metrics 模型、信贷组合观点和 CreditRisk+模型等。另外，巴塞尔委员会颁布的资本协议提倡建立内部评级法。信用风险的度量方法有各自的优缺点，关键在于选择一种最适合我国银行系统性风险的方法。其中，专家分析法是最早应用于商业银行等金融机构的一种信用度量法，其优势表现为操作简单，但主观性较强，容易做出偏差较大的分析。目前测算银行系统性风险的主要方法为后两种，这两种方法一种基于财务数据，另一种则基于市场数据。

现代信用评价模型是基于市场信息数据为分析基础的，目前我国已经初步建立了市场经济体制，五大国有商业银行均已完成了上市，银行业市场化的改革也在逐步加深，所以基于市场数据的现代信用评价模型用于测算银行的系统性金融风险最为合适，这里选择或有权益分析模型。

3.4.2　基于 CCA 模型的我国系统性金融风险的测度

或有权益分析（contingent claims analysis，CCA）模型是现代信用评价的一种有效度量方法，它用违约概率的形式来揭示经济主体未来财务及资产状况，适用于对特定经济主体未来的资产与债务关系给出定量的考察与判断，是一种先进的风险度量技术。CCA 模型以其独特的优势已被越来越多的学者所认识，并且在实际中逐渐得到广泛的应用。例如，Lehar（2005）使用 CCA 模型对 1982 年到 2002 年的全球银行的系统性风险进行了量化研究；Walsh 和 Gray（2008）用 CCA 模型通过对经济部门风险调整资产负债表的建立分析了宏观金融风险；宫晓琳（2012）通过建立国民经济机构部门层面的风险财务报表，利用 CCA 模型测度了 2000—2008 年我国的宏观金融风险；范晓云等（2013）利用 CCA 与 DAG 相结合的分析方法讨论了我国银行系统性风险的动态特征及系统重要性银行的甄别；王掣等（2016）使用 CCA-POT-Copula 方法分析了我国商业银行的系统性风险测度及影响因素；宋凌峰和邬诗婕（2017）运用马尔科夫转移机制的 CCA 模型探讨了经济增长状态与银行系统性风险等；使用 CCA 模型对我国银行风险进行研究还有吴恒煜等（2013）、毛建林等（2015）、李志辉等（2016）等。本书以 CCA 模型为基础模型，同时结合我国银行主导型金融体系结构的特点，通过对主要银行风险的考察来给出我国系统性金融风险的度量。

或有权益分析（CCA）是一种基于期权定价模型来测度宏观金融风险

的方法，是测量信用违约可能性的一种度量技术，将或有权益视为一种未来收益依赖于另一种资产价值的资产，资产价值可看作未来到期的期权。CCA 模型原理通常假设被研究主体的资产价值 A_t 是一个随机过程，这一随机过程满足漂移率为 μ_A ，波动率为 σ_A 的几何布朗运动。

$$dA_t = \mu_A A_t dt + \sigma_A A_t dW \tag{3.1}$$

其中，A 为被研究主体的资产价值，W_t 为维纳过程，dW_t 是 t 的函数，$W_t = \varepsilon\sqrt{t}$ ，$\varepsilon \sim N(0, 1)$ 。

解方程（3.1）可得

$$A_{t+T} = A_t e^{\left[(\mu_A - \frac{\sigma_A^2}{2})T + \sigma_A \varepsilon_{t+T}\sqrt{T}\right]} \tag{3.2}$$

其中，$\varepsilon_{t+T} = \dfrac{W(t+T) - W(t)}{\sqrt{T}}$ ，T 为期权到期的时间间隔，如果 t 时刻被研究主体负债的账面价值为 B_t ，那么，当 $A_{t+T} < B_t$ 时，被研究主体便会出现资不抵债，产生违约。违约概率为：

$$P(A_{t+T} \leqslant B_t \mid A_t) \tag{3.3}$$

将式（3.2）代入式（3.3）得：

$$P(A_{t+T} \leqslant B_t \mid A_t) = P(A_t e^{\left[(\mu_A - \frac{\sigma_A^2}{2})T + \sigma_A \varepsilon_{t+T}\sqrt{T}\right]} \leqslant B_t) \tag{3.4}$$

将式（3.4）进行化简得：

$$P\left(\varepsilon_{t+T} \leqslant - \left[(\ln A_t - \ln B_t) + \left(\mu_A - \frac{\sigma_A^2}{2}\right)T\right] / \sigma_A \sqrt{T}\right) \tag{3.5}$$

令 $DD = \left[(\ln \dfrac{A_t}{B_t} + (\mu_A - \dfrac{\sigma_A^2}{2})T] / \sigma_A \sqrt{T}\right.$ ，（3.5）式变为：

$$P(A_{t+T} \leqslant B_t \mid A_t) = P(\varepsilon_{t+T} \leqslant -DD) \tag{3.6}$$

DD 称为被研究主体的违约距离，计算违约距离时，关键要求出 A_t 、μ_A 和 σ_A ，在风险中性或无套利均衡的条件下，μ_A 可用无风险利率 r^* 代替，根据 CCA 模型的算法，$A = E + D$（会计里面的恒等式），D 为负债的市场价值，权益市值 E_t 为资产的看涨期权，执行价格为负债账面价值 B_t ，市场的无风险利率为 r^* 。由期权定价公式可得被研究主体的权益价值为

$$E_t = A_t \cdot N(d_1) - B_t \cdot e^{-r^* T} \cdot N(d_2) \tag{3.7}$$

其中，$d_1 = \dfrac{\ln(A_t / B_t) + (r^* + \sigma_A^2 / 2) \cdot T}{\sigma_A \cdot \sqrt{T}}$ ，负债依然可以看作到期期权的形式，具体如下。

$$D_t = B_{t+T} \cdot e^{-rT} - P_t \qquad P_t = B_t \cdot e^{-rT} \cdot N(-d_2) - V_t \cdot N(-d_1)$$

$$(3.8)$$

由于权益市值波动率与资产波动率之间存在关系为

$$\sigma_E = \frac{N(d_1) \cdot A_t}{E_t} \cdot \sigma_A \qquad (3.9)$$

联立式（3.7）和式（3.9），利用优化算法进行迭代，即可算出 A_t 和 σ_A。从 CCA 模型的基本原理来看，此方法适合用于金融机构的风险分析，对于我国以银行为主导的金融体系结构来说，系统性金融风险可被视为主要银行的风险。利用 CCA 模型便可度量任何一家主要银行的风险，借鉴 VaR 风险度量技术的思想，这里我们可将我国系统性金融风险定义为主要银行最大破产概率，即：设系统性重要银行工行、农行、中行、建行、交行为 $\{1, 2, 3, 4, 5\}$，则我国系统性金融风险就可表示为 $\min\{DD_i\}$ 或 $\max\{P_i(A_{it+T} \leqslant B_{it})\}$。

3.5　银行主导型金融体系结构系统性金融风险测度的层级结构

商业银行的经营主要依赖于资产、负债与权益三部分，通过对这三部分的合理管理来保证银行的正常运营。五大国有商业银行的权益市值表现为五大银行的股票市值，这部分占资产的比率较低，且自上市以来相对稳定，没有出现过巨大的波动，负债主要表现为存款，由于我国隐形存款保证金制度（国家信用）的存在，银行不会发生挤兑，银行负债相对安全。根据 CCA 模型，系统性金融风险表现为银行资不抵债的概率，银行的权益市值与负债相对较为安全，则系统性金融风险主要体现为银行的资产风险。商业银行的资产安全程度决定了银行的安全程度，对银行进行管理最重要的是对银行资产进行管理，系统性金融风险的分层结构建立在银行资产分层结构的基础之上，对系统性重要银行的主要资产风险分析便是对系统性金融风险的分层结构分析。

3.5.1　系统性重要银行的资产层级结构分析

商业银行资产是指商业银行过去的交易或事项形成的，由商业银行拥有或者控制的，预期会给商业银行带来经济利益的资源。对商业银行的资产进行分析，按照不同的划分标准，可得到不同的结果。按资产负债表构成划分，商业银行资产包括现金及存放中央银行款项、存放同业和其他金融机构款项、贵金属、拆出资金、以公允价值计量且其变动计入当期损益的金融资产、衍生金融资产、买入返售金融资产、应收利息、发放贷款及垫款、可供出售金融资产、持有至到期投资、长期股权投资、应收款项类投资、固定资产等资产。按银行经营管理分类划分，可分为信贷资产、证券资产、固定资产、外汇资产和货币资产（现金资产）5 类。这种划分是根据银行不同的业务经营划分的，类别之间界线明显，相对于资产负债表的划分，更能反映银行的经营业务类别，且不同的业务经营会产生不同的风险，作为银行总资产风险的一部分，每部分的业务风险测算起来较为独立，业务风险相关性较低，风险测算较为准确，对于风险源的寻找更为简单明了。这种划分也符合人们日常的研究习惯，本书按经营管理方式的划分对系统性重要银行的资产层次结构进行分析。

信贷资产是由银行发放各种形式的贷款所形成的资产，贷款业务作为一种信用交易，是银行利润的主要来源，在银行总资产中占比最高，为50%左右，是商业银行资产中最重要的资产。贷款业务作为银行的主营业务，同时也是我国经济最主要的融资模式，为经济的发展提供了主要的资金来源。贷款业务按期限划分可分为短期、中期和长期贷款，按对象和用途划分可分为工业贷款、农业贷款、科技贷款、消费贷款、投资贷款、证券贷款等，按贷款的质量或占用形态划分可分为正常贷款、逾期贷款、呆滞贷款、呆账贷款等。

证券资产是指银行为获得一定的收益，在一定风险的条件下，对有价证券的投资。其主要包括股票资产和债券资产，在目前严格的分业经营管理制度下，银行对股票市场的投资主要通过间接方式获得，债券投资在表内资产中收益率高于信贷但风险较低，尤其是国债、政策性金融债、地方债等利率债具有安全性好、流动性佳和节税效应的优势，因此成为银行表内重点配置方向，系统性重要银行的债券资产占银行资产的20%左右。

固定资产是银行使用期限在一年以上的房屋、建筑物、机器、机械、运输工具和其他与经营有关的设备、器具、工具等的资产，是银行经营所必需的物质条件，系统性重要银行的固定资产占比较低，为1%左右。

外汇资产是银行在参与外汇交易及平衡国际收支、稳定汇率、偿还对外债务时产生的资产。我国银行持有的主要外汇资产为美元资产，持有的方式为国债和机构债券及外币现金，系统性重要银行的外汇资产占银行资产的 20%左右。

货币资产（现金资产）是银行经营保持流动性所必需的，主要由现金、存款准备金及存放同业拆借款项等组成。现金主要用于应付银行每天的现金交易，存款准备金包括法定准备金和超额准备金，法定准备金是中央银行为保证银行的流动性按照一定比率收取的交予中央银行保管的资金，超额准备金在一定意义上等同于现金，同业拆借款主要用于解决商业银行内部的流动性资金。货币资产是非盈利性资产，只能给银行带来微薄的收入，商业银行在保证银行经营过程中适度流动性的前提下，要尽量降低持有现金的机会成本，以追求利润最大化，系统性重要银行的现金资产占银行资产的 20%左右。

商业银行的资产经营管理对整个社会的经济活动有重要的影响，根据上述分析，在银行的资产项目中，固定资产占比最低，信贷资产占比最高，其他资产次之。由此可见，银行的主要资产为股票资产、信贷资产、债券资产、外汇资产和货币资产。

3.5.2 银行主要资产对应的资产市场分析

银行资产的产生依赖于银行参与市场交易活动，系统性重要银行主要资产包括股票资产、信贷资产、债券资产、外汇资产和货币资产，相对应的资产市场为股票市场、信贷市场、债券市场、外汇市场和同业拆借市场。

股票资产是银行参与股票市场交易活动产生的资产。我国一直以来实行较为严格的分业经营模式，不允许资金跨市经营，尤其严禁银行资金流入股票市场。我国分业经营的制度安排虽降低了利润、效率及阻碍了金融发展，但也阻隔了股票市场风险向银行业的传递，使得系统性金融风险与股票市场的任何变动都无关。但随着金融体制的改革，金融水平的发展，现实发展的需要和利益的驱使，实践中投资者总是有办法将银行信贷资金转化为股票市场投资资金，从而实现银行参与股票市场交易的需求。

银行的信贷资产是银行参与信贷交易活动时产生的资产，银行的信贷资产中房地产市场贷款项目占比最高，占总贷款比率的 15%~45%，风险积聚效应较为突出，分析银行的信贷资产可转换为分析房地产信贷资产。房地产行业是一个高杠杆行业，杠杆的产生来源于其他金融中介的投资，我国的金融体系结构是以银行为主导的，房地产的资金来源主要是通过向银行借贷。对于银行来说，在房地产市场繁荣时期，房地产市场价格持续上升，房地产投资的高收益诱惑，使银行管理层在面临业绩压力及银行同业竞争压力下，更乐意将贷款发放给房地产行业，不断增加对房地产信贷的投放规模，甚至会违规借贷。我国房地产贷款资产目前呈上涨的趋势。

债券资产是银行参与债券市场交易产生的资产。债券市场主要有两个功能：第一，发挥资金融通的作用；第二，为政府实施货币政策提供场所。债券交易市场主要分为场内交易和场外交易，场内交易指在上海和深圳证券交易所交易，场外有银行间交易市场、凭证式国债市场、商业银行柜台市场。债券市场的 4 个子市场中，银行间债券市场为债券市场主要市场，占了总市场份额的 90%以上，银行间债券交易市场中，银行是债券市场的主要投资者，60%~80%的债券都由银行托管。

外汇资产是银行参与外汇市场时所产生的资产，随着全球经济金融一体化进程不断加快，外汇市场的地位越来越重要。外汇市场作为世界金融市场的有机组成部分，是世界各国贸易结算、资本流动的场所。外汇市场的主要参与者是各国银行，银行间的外汇市场是外汇市场的主体，外汇交易中银行在最终需求者和供给者之间起着中介作用。

货币资产中除现金和存款准备金外，剩余的为同业拆借资产，产生于银行参与同业拆借市场的交易，现金和存款准备金不存在风险，银行货币资产风险体现为同业拆借资产风险。同业拆借市场最初用于银行间的短期拆借，随着其他非银行机构需求的增加，同业拆借市场进行了扩充，允许其他非银行机构进入，形成了现在的同业拆借市场。目前同业拆借市场主要参与机构仍为银行机构，银行部门的同业拆借交易规模最大，已占整个同业拆借市场份额的 85%以上。

3.5.3　基于资产构成的系统性金融风险层级结构

银行参与市场交易活动产生资产的同时，也为金融市场向银行部门风险溢出提供了渠道，产生了资产风险，系统性重要银行的主要资产风险包括股票资产风险、房地产贷款资产风险、债券资产风险、外汇资产风险和货币资产风险。股票市场价格波动较为剧烈，巨大的波动给股票市场带来风险的同时会，导致银行股票资产的损失，产生银行股票资产风险；房地产市场价格波动会直接影响银行的信贷规模，当价格上涨时，银行对房地产的贷款增加，房价下降时，对房地产的贷款减少，如果房价下跌过快导致房地产市场出现违约，会造成银行房地产贷款资产的损失，产生房地产资产风险；债券市场价格的波动及债券市场的违约事件，使债券市场风险增大，债券市场的主要参与主体为银行部门，债券市场价格的波动及债券市场的违约直接导致银行债券资产的损失，产生债券资产风险；外汇市场汇率的变动导致银行外汇资产发生变动，主要通过外汇敞口的变化产生银行外汇资产风险；同业拆借市场形成的同业拆借利率反映了市场资金的供求关系，作为市场的基准利率波动较为剧烈，利率的变动导致银行货币资产变动，产生同业拆借资产风险。

　　系统性金融风险体现为系统性重要银行的资产风险，对系统性金融风险的分层结构研究建立在银行资产的分层结构基础之上，系统性金融风险的分层结构是银行资产风险的分层结构。具体原理见图 3.5。

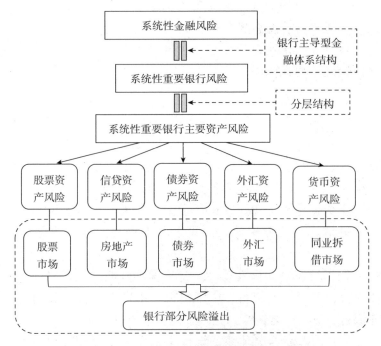

图 3.5　银行主导型金融结构系统性金融风险的分层结构

　　系统性的金融风险是指整个金融体系的系统性风险，是一个宏观层面的概念。我国金融体系结构为银行主导型，系统性金融风险体现为系统性重要银行倒闭的风险，银行的风险体现为各项资产风险加总，银行的主要资产风险包括股票资产风险、房地产贷款资产风险、债券资产风险、外汇资产风险和货币资产风险，每一项资产风险是系统性金融风险的一个层次结构。股票资产、房地产贷款资产、债券资产、外汇资产和货币资产的风险等于股票市场、房地产市场、债券市场、外汇市场和同业拆借市场向银行部门的溢出风险，系统性金融风险的分层结构可转化为计算主要资产市场向系统性金融风险的溢出风险，即银行部门的系统性风险=各项资产风险加总=资产市场向银行部门溢出风险的加总。

我国的银行部门系统性风险表示为系统性重要银行工行、农行、中行、建行、交行任何一家银行出现危机的概率，用1、2、3、4、5分别表示工、农、中、建、交银行，根据上述分析，我国系统性金融风险表示为 $\min\{DD_i\}$。根据银行资产风险分析，系统性的金融风险可表示为 $\min\{DD_i\} = \sum_{j=1}^{n} DD_{ij}$，$j = 1$，2，3，4，5，$\cdots$，$n$，其中 DD_j 表示股票市场、房地产市场、债券市场、外汇市场和同业拆借市场等资产市场向银行部门的溢出风险，对系统性金融风险进行结构分层分析主要是从这5个市场入手，通过分析这5个市场对系统性金融风险的影响程度，探寻我国发生系统性金融风险的主要风险源。

3.6　本章小结

本章从对金融体系结构的分析入手，提出我国系统性金融风险的测度方法及系统性金融风险分层结构原理，主要的结论如下。

（1）根据数据分析，我国以银行贷款为代表的直接融资为主要融资方式，依照金融结构的两分法定义，我国属于典型的银行主导型金融体系结构。

（2）我国银行业垄断程度较高，竞争程度较低。我国银行业的主体为中国工商银行、中国农业银行、中国银行、中国建设银行和交通银行五大国有商业银行，五大国有银行为我国系统性重要银行。

（3）银行主导型的金融体系系统性金融风险主要体现为系统性重要银行的倒闭风险，我国系统性的金融风险可表示为五大国有商业银行出现资不抵债的最大概率，具体概率可由 CCA 模型算出。

（4）系统性金融风险表示为系统性银行的资产风险，银行的主要资产包括股票资产、信贷资产、债券资产、外汇资产和现金资产，每一项资产风险为系统性金融风险的一个层次结构。股票资产、房地产贷款资产、债券资产、外汇资产和货币资产的风险等于股票市场、房地产市场、债券市场、外汇市场和同业拆借市场向银行部门的溢出风险，系统性金融风险的分层结构可转化为计算主要资产市场向系统性金融风险的溢出风险。

第4章　股票市场与系统性金融风险

　　股票市场作为国民经济资本"蓄水池"，对国家经济发展起到了不可忽视的作用，为企业融资提供了更为直接的途径，但是其自身的高波动性及其非稳定序列的变化特征给投资者带来了风险。加之各种杠杆工具的产生，使股票市场的风险不仅局限于股票市场，而将风险成倍扩大使其更具传染性，严重加剧了整个金融市场的风险堆积，影响宏观经济的正常运转。特别是对于我国而言，金融市场起步较晚，金融制度不够完善，金融监管缺乏经验，使我国股票市场相对于发达国家股票市场具有更高的波动性，更易引发系统性金融风险。

　　对于早期国外股票市场与系统性金融风险关系的研究主要有：Lowe 和 Borio（2002）指出，信用扩张、资产价格膨胀相互促进可能真正引发银行和金融危机。Mishkin（1999）认为，当股票价格、房产价格等资产价格大幅度下降时，金融不稳定甚至金融危机就发生了。同时期国外其他学者对于股票市场风险与系统性金融风险之间的关系进行了相关分析，发现系统性金融风险的产生总是伴随着股票市场的价格泡沫破灭。国内的研究有张庆君和张荔（2011）通过分析上证指数与 14 家商业银行，发现资产价格波动与银行体系风险指数之间存在显著的相关关系。郑旭伟和郭晔（2011）基于对两市场风险转移与互动机制包含的三个阶段及其各自的表现形式进行实证分析，得出中国股票市场与银行信贷市场之间因长期的资金关联已经存在密切的相关性。马亚明、邵士妍（2012）认为，股票价格的上涨会导致银行信贷的扩张，进而影响金融的稳定。王培辉（2016）研究了我国银行部门和证券市场等之间的尾部依存结构和联动现象，结果显示危机爆发期间各行业依赖性显著增加。

4.1　我国股票市场的系统性风险分析

　　股票市场的波动性是其与生俱来的基本属性，这种价格波动性保障了股票市场实现资源配置与分散风险的功能。合理的价格波动是必然的，但剧烈波动会给投资者带来资产损失，严重者还会造成股票市场系统性风险。系统性风险和非系统性风险概念是由 William F. Sharpe 提出的。他指出投资风险分为两部分，一部分可通过持有多样化的投资证券组合而避免，另一部分为投资预期回报与市场证券组合预期回报的协方差之比，这部分不能通过多样化避免。按照 William F. Sharpe 的定义，能通过投资组合避免的风险为非系统性风险，不能通过多样化分散的风险称之为系统性风险。马科维茨的证券投资组合理论告诉人们，分散化是经济活动中唯一"白吃的午餐"，非系统性风险可以通过构筑相应的投资组合得以消除，唯独系统性风险是投资者无法规避的。在马科维茨证券投资组合理论指导下，除了考虑如何构筑投资组合外，更需要重点关注的是系统性风险。

4.1.1　我国股票市场的发展状况

1984 年 11 月 18 日，飞乐音响的公开发行被认为是中国股票市场建立的信号，但中国股票市场的真正建立是以 1990 年上海证券交易所开业为标志的。1991 年在深圳建立深圳证券交易所，两大交易所的初步建立，标志着我国股票市场的正式起步。由于刚开始上市的都是本地公司，数量很少，市场中投资者参与的积极性不高，市场交易不活跃、交易额较小。上市公司的信息披露内容不够完全、真实、正确，于是出现了不少信用缺失的问题，且市场各项制度不够完善，暴涨暴跌的程度较为严重。随着 1992 年证监会成立，1999 年《证券法》出台，2005 年股权分置改革，2010 年"融资融券"制度建立，2013 年股权质押制度及后期各种改革和交易工具的入市，历经将近 30 年的不断发展，我国股票市场交易制度已逐步完善，市场规模也逐渐增大，具体情况见图 4.1 ~ 图 4.4，样本区间为 2005—2021 年。

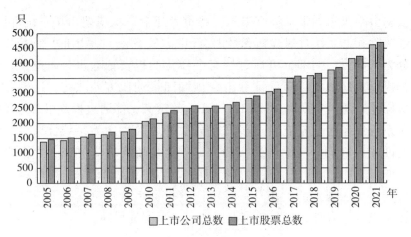

图 4.1 上市公司与上市股票总数

（资料来源：Wind 数据库）

观察图 4.1 和图 4.2（a）、图 4.2（b），股权分置改革后，我国股票市场得到了迅速发展，上市公司总数与上市股票总数呈不断上升趋势，上升步调基本一致。2018 年底上市公司共有 3605 家，上市股票达到 3584 只，其中 A 股为 3567 只，B 股为 99 只。2021 年底上市公司共有 4615 家，上市股票达到 4693 只，其中 A 股为 4603 只，B 股为 90 只。总股本与总市值也呈一致上升趋势，总市值比总股本上升速度快且波动较大。2018 年底，我国股票市场总股本有 57581.02 亿股，总市值达到 434924.02 亿元，截至 2021 年底，我国股票市场总股本有 70694 亿股，总市值达到 916088 亿元。其中上海证券交易所和深圳证券交易所的规模情况见图 4.3 和图 4.4。

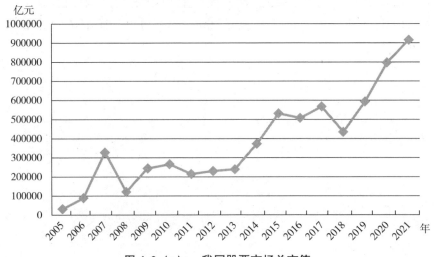

图 4.2（a） 我国股票市场总市值

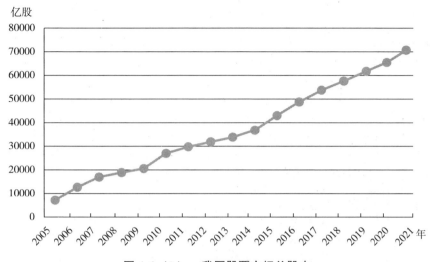

图 4.2（b）　我国股票市场总股本

（资料来源：Wind 数据库）

图 4.3（a）、图 4.3（b）和图 4.4（a）、图 4.4（b）为上证综指与深证综指总股本与总市值，观察图 4.3（a）和图 4.3（b），上证综指总股本与深证综指总股本呈不断上升的趋势，2018 年上证综指总股本为 44991.45 亿股，是深证综指总股本的 2.25 倍。截至 2021 年 12 月 31 日，上证综指总股本为 46237 亿股，是深证综指总股本的 1.89 倍。总体而言，2017 年之前，深证综指总股本占比逐渐增加，上证综指总股本占比逐渐降低，2017 年 7 月之后趋于稳定，目前上证综指总股本占比约为 65%，深圳综指总股本占比约为 35%。观察图 4.4（a）和图 4.4（b），上海证券交易所总市值与深圳证券交易所总市值整体呈不断上升的趋势，虽 2021 年底出现回落，但后期又逐渐回升。截至 2022 年 8 月，上海证券交易所总市值 473612.98 亿元，深圳证券交易所总市值 348843.59 亿元，上海证券交易所总市值占比较大，最低年份也几乎占总市场份额的 60% 左右，最高年份占比超过 80%，说明我国的股票交易市场以上海证券交易所为主要交易市场。

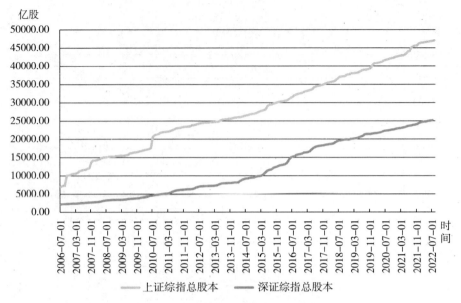

图4.3（a） 上证综指总股本与深证综指总股本

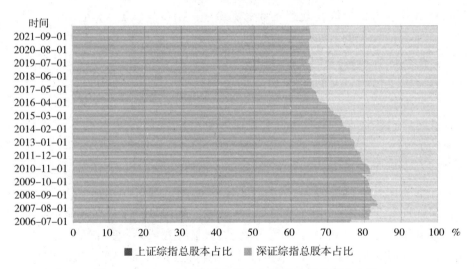

图4.3（b） 上证综指总股本与深证综指总股本占比

（资料来源：Wind 数据库）

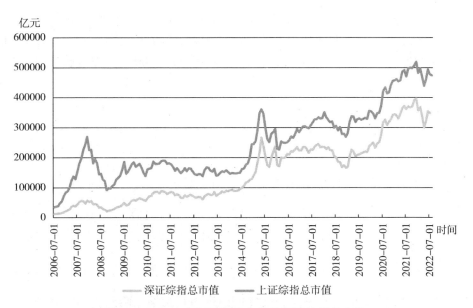

图 4.4（a）　上证综指总市值与深证综指总市值

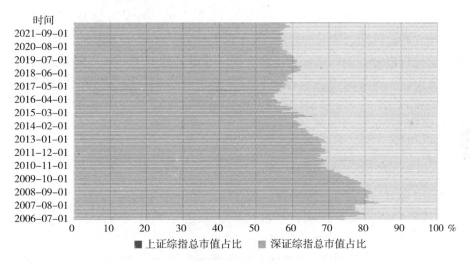

图 4.4（b）　上证综指总市值与深证综指总市值占比

（资料来源：Wind 数据库）

4.1.2　股票市场系统性风险的测度方法

（1）β 系数法。

从现有有关系统性风险研究状况看，大部分学者还是采用威廉·夏普资本资产定价模型（CAPM）中的 β 系数作为股票市场系统性风险度量指标。为了计算上的方便并增加系统性风险的敏感性，一些学者用 β^2 去代替 β 系数作为股票市场系统性风险度量标准（徐国祥，2002）。用这种方法度量系统性风险的理论依据是，在 CAPM 中，$\beta_i = \dfrac{\sigma_{iM}}{\sigma_M^2} = \rho_{iM} \dfrac{\sigma_i}{\sigma_M}$（其中，$\beta_i$ 为证券 i 的 β 值，σ_M 为股票市场的标准差，即股票市场风险，σ_i 为证券 i 的标准差，即证券 i 的风险，σ_{iM} 为证券 i 与市场的协方差，ρ_{iM} 为证券 i 与市场的相关系数），当证券 i 为一个有效的投资组合 P 时，有 $\beta_P = \rho_{PM} \dfrac{\sigma_P}{\sigma_M}$（其中，$\sigma_P$ 为有效投资组合 P 的风险，ρ_{PM} 为有效投资组合 P 与市场的相关系数），由于 P 为有效的投资组合，故该组合只存在系统性风险，或者说 σ_P 就是系统性风险，$\dfrac{\sigma_P}{\sigma_M}$ 为系统性风险占市场风险的比率，当一些学者将市场风险错误地理解为总风险，且设定 ρ_{PM} 为常量时，β_P 便可被视为系统性风险的相对度量值。正是这种错误的理解，才导致了另一部分学者进一步去探讨 β 值的稳定性问题。实际上，有关系统性风险与非系统性风险划分的本质是人们在讨论具体投资方案总风险时提出的，其目的在于探究具体投资方案的风险源，就像因素分析模型（APT）所指出的那样，在因素模型中，当共同因素为单一市场因素时，对任何投资组合 P，总风险可分为系统性风险和非系统性风险，即 $\sigma_P^2 = \beta_P^2 \sigma_M^2 + \sigma_{\varepsilon P}^2$（其中，$\sigma_P^2$ 为组合 P 总风险，$\sigma_{\varepsilon P}^2$ 为组合 P 的非系统性风险，$\beta_P^2 \sigma_M^2$ 为组合 P 的系统性风险），当 P 为有效的投资组合时，$\sigma_{\varepsilon P}^2 = 0$，$\sigma_P^2 = \beta_P^2 \sigma_M^2$ 即为系统性风险。比较 $\sigma_P^2 = \beta_P^2 \sigma_M^2$ 与 $\beta_P = \rho_{PM} \dfrac{\sigma_P}{\sigma_M}$ 可知，对于有效的投资组合 P，$\rho_{PM} = 1$，特别地，当 P 为市场组合 M 时，可得 $\beta_P = 1$ 或 $\sigma_P^2 = \sigma_M^2$。这就是说，股票市场系统性风险就是市场风险，资本资产定价模型（CAPM）中的 β 系数根本不能作为股票市场系统性风险的度量，这也就是为什么还有一部分学者直接通过研究综合指数的波动来计算股票市场系统性风险的缘由。

（2）在险价值（VaR）。

除此之外，也有部分学者利用在险价值（Value at Risk，VaR）技术来度量系统性风险，具体原理如下。

$$P\{L \geqslant VaR\} = 1 - \alpha，或者 P\{L \leqslant VaR\} = \alpha \qquad (4.1)$$

其中，$1 - \alpha$ 为置信水平，L 为资产损失，VaR 表示在险价值，经计算，

$VaR = v_0 z_\alpha \sigma \sqrt{\Delta t}$，$v_0$ 为资产的初始价值，z_α 为在置信水平 α 下标准正态分布的临界值，σ 为标准差，Δt 为变化时间。目前学者基于市场数据的风险分析多用在险价值进行度量。虽说 VaR 是一种新的风险度量技术，但它的计算却依赖于给定的分布，通常情况下，股票市场收益率的分布是未知的，这样 VaR 的计算便变得不可行，因此人们总是去设定一个分布，如假设收益率服从正态分布，这种处理方式无疑额外增添了系统性风险计算中的分布设定错误风险，导致其不能正确测定股票市场系统性风险。另外，在正态分布假设下，投资组合 P 的 $VaR = \alpha \sigma_P \sqrt{t}$，其中，$\alpha$ 为标准正态分布下所选置信度 P 所对应的 Z 值或分位数，t 为投资组合 P 的持有期，$\sqrt{t}$ 为调整因素，用于测算投资组合 P 收益率的变化情况。

（3）本书股票市场系统性风险的测度方法——标准差法。

显然，当投资组合 P 选择市场组合 M 时，股票市场的 $VaR = \alpha \sigma_M \sqrt{t}$，这样问题就来了，如何选择 t？在本问题中，t 的选择是一个根本无法解决的问题。如果选择 t 为一个有限值，由于 α 和 t 均为常数，决定了 VaR 也只是 σ_M 的一个常倍数，表明仅用 σ_M 度量系统性风险也不会导致系统性偏误，用 VaR 去代替 σ_M 作为股票市场系统性风险的度量就没什么实质性意义；如果将 t 确定为一无限大量，显然就更不合适。因此，考虑到以上两种情况，结合 VaR 分析技术的来源，我们认为，直接用马科维茨所提出的风险度量方法 σ_M 去度量股票市场系统性风险不失为一个有效的方法。

4.1.3　我国股票市场的系统性风险水平

综合上述，本书以上证综合指数的波动率 σ_M 为我国股票市场系统性风险的度量变量，这是因为上证综指 1991 年 7 月诞生，是中国股票市场的第一只指数，历史最悠久，是国内最具影响力的指数，是国外主流媒体认可的最能代表中国股票市场的指数，也是老百姓最熟悉、最关心的指数。具体原因为：首先，上证综指的股票覆盖面最广，所含股票市值、交易量最大，可以看作是我国经济运行情况的一种直观反映；其次，上证综指是大中小盘的综合计算，能反映各个盘面股票价格的变化；最后，上证综指的行业分布也更加均衡，包含了石油、金融、钢铁、地产等国家经济支柱行业，代表了各个行业股票的综合表现。

计算上证综合指数的波动率 σ_M，首先要计算上证综合指数收益率，上证综合指数收益率用 r 表示。目前计算上证综合指数收益率的方法有多种，

具体有 $r_t = (P_t - P_{t-1})/P_t \times 100$ 的形式（其中 P 为上证综合指数），还有 $r_t = P_t/P_{t-1} \times 100$ 形式，但使用最多的还是对数收益率形式，即 $r_t = \ln P_t - \ln P_{t-1}$，根据上述分析，考虑到 r 的波动率 σ_M 具有时变性特征，估计 σ_M 可用 $ARCH$ 模型，考虑银行的样本数据，股票市场的样本区间选择为 2006.07.05—2022.09.05。对上证指数对数收益率进行平稳性检验，见表4.1。

表4.1 平稳性检验

变量	检验形式（c，t，k）	$ADF - t$ 值	t 临界值（5%）	Prob.	结论
r	（c，0，0）	−34.370867	−2.863463	0.0000	平稳

注：检验形式中的 c、t、k 分别表示常数项、趋势项和滞后阶数。

资料来源：Wind 数据库。

从表4.1可以看出，r 为平稳时间序列，且不存在短期的自相关，长期的自相关不明显，可忽略。将 r 的分布图及折线图画出，见图4.5（a）和图4.5（b），观察图4.5（a）、图4.5（b）发现，上证综合指数的尖峰厚尾及波动集聚性特征明显，存在明显的异方差，测算其波定性可考虑 $GARCH$ 族模型拟合。经综合尝试，用 $GARCH(1，1)$ 模型拟合最为合适。股票市场系统性风险 σ_M 的 $GARCH(1，1)$ 模型为

$$\sigma_{Mt}^2 = 5.9415E - 07 + 0.0598u_{t-1}^2 + 0.9394\sigma_{M(t-1)}^2$$

$$(3.7932) \qquad (10.9198) \qquad (206.0492)$$

$$(4.2)$$

式（4.2）中，各个系数都通过了显著性检验，股票市场系统性风险 σ_M 的变动特征可由式（4.2）揭示，它表明股票市场系统性风险存在明显的聚集效应，具体的波动情况见图4.5（c）。

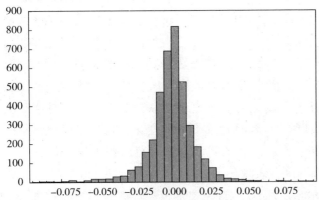

图4.5（a） 上证指数对数收益率

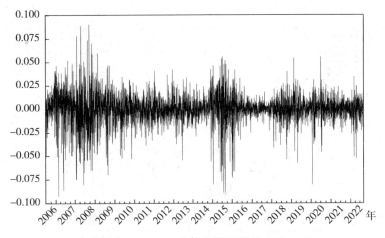

图 4.5（b）　上证指数对数收益率

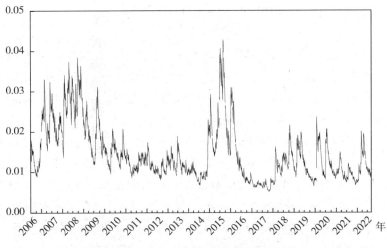

图 4.5（c）　股票市场系统性风险

　　观察图 4.5（c），上证指数有两个阶段波动最大，分别为 2006 年末至 2008 年底，2015 年初至 2016 年中，这两个阶段已经不仅仅是单纯的系统性风险。按照国际通行法则，市场跌幅超过 20% 可视为股灾，这两个阶段的市场波动俨然可认定为我国股票市场历史上的股灾。除上述两个阶段，其他阶段上证指数的波动较小，股票市场系统性风险较小。结合上证综合指数的走势对两个波段股灾的变动及原因给予说明。上证综合指数的走势为图 4.6，样本区间为 2006 年 7 月 5 日至 2022 年 9 月 5 日。

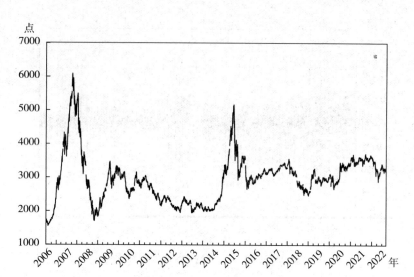

图 4.6　上证综合指数的走势

(资料来源：Wind 数据库)

观察图 4.6，上证综合指数从 2006 年 7 月 8 日的 1547 点一路高歌猛进，中间几乎不曾有过回落，直到 2007 年 10 月 31 日的最高点 6092 点，短短一年时间内涨幅几乎达到 300%，之后行情逆转，持续暴跌，跌回原来的 1000 多点，到 2008 年 12 月 4 日达到最低点 1718 点。造成这次股灾的主要原因在于前期全球经济过热导致中国经济增长过快，加之一直以来实行宽松的货币政策，一时间大量的资金涌入股票市场，催生了 2007 年的大牛市。之后国家一改政策方向，将我国 10 年以来的货币政策从"稳健"调整为"从紧"，股票市场的流动性降低，企业为保证正常的运营资金不得已抛售股票，引起股价下跌。另外，股权分置改革后"大小非"股票减持等原因也是股价下跌的重要动力。这场牛市盛宴还未来得及享用就匆匆结束，从股价上涨到跌回原样，才两年多的时间，几乎是股票市场的"黄粱一梦"。另一阶段是在经历近 7 年的低迷后，我国股票市场终于在 2014 年 7 月迎来了史上第二次大的牛市行情，上证综合指数从 2033 点快速上涨至 2015 年 6 月的 5166 点后迅速下跌，截至 8 月 26 日，不到 3 个月的时间最大累积跌幅高达 76.5%，更为严重的是在经历 3 个月简单修整后，2016 年 1 月"熔断机制"的实施致使月内最大跌幅竟然超过 25%。这场动荡距离现在最近，前期也同样是股价猛涨，后期断崖式跌落，不同的是这一次的涨跌较之前幅度稍微降低，速度却更快，才一年半的时间，就匆匆地完成了泡沫的鼓吹和破灭。造成这次股票市场上涨的主要原因是两融业务的开展及我国两融业务的严重跛脚，使得做多的动能要远远大于做空的动能，之后又经过管理层的强制干预，造成股价的硬着陆。2016 年之后，随着我国股票市场制度的不断完善，股票市场有过几次波动，但幅度都较小，没有造成股市大规模的震荡，股价基本控制在 3000 点左右，风险较小，我国股票市场目前较为稳定。

4.1.4　股票市场系统性风险爆发的影响

股票市场系统性风险爆发意味着发生股灾，股灾时期大部分股票价格均出现大规模的下跌，股灾的发生消灭了大量社会流动性资产，无论是对投资者、企业还是整个金融业和国民经济都会产生重大影响。在居民财富配置多元化的时代，人们对金融资产的需求正逐渐上升，由于大多数的中小投资者都是非理性的，股价如果持续升高会导致投资者盲目跟随，且意识不到风险的积累，一旦股价回落，会导致投资者的资产下降，居民财富降低，严重者将会血本无归。对于上市公司而言，依靠股票市场融资比间接融资更快且成本较低，因此受到融资者的青睐，一旦发生股灾，股票市场的持续低迷使得流动性降低，企业难以融到资金，为解决资金问题，不得已抛售股票，引起股价下跌，造成恶性循环，严重者将会引发企业破产。市场价格剧烈波动会使得市场的参与者普遍失去信心，价格偏离内在价值，打乱金融市场平衡，扰乱金融市场秩序，增加金融不稳定性，并通过杠杆工具产生传染效应，增加整个金融系统风险爆发的概率。金融市场的各个子部分都存在业务上的关联，股票市场一旦出现股灾，风险将会顺着业务上的关联向其他子市场传染，严重者将会导致整个金融市场出现系统性金融风险，系统性金融风险一旦爆发，将会危害国家经济健康发展，造成社会动荡。

图 4.7 和图 4.8 为两次股灾前后沪深两市总市值的变化。2008 年的股灾造成沪深两市总市值由 2007 年 10 月 31 日的 35.4 万亿元降到 2008 年 12 月 4 日的 16.1 万亿元，共蒸发 29.4 万亿元，约为 2007 年全年国内生产总值的 80%，而 2015 年的股灾造成 2015 年 5 月至 2016 年 1 月两市市值共蒸发 24.43 亿万元，相当于 2014 年全年国内生产总值的 50%，严重影响我国国民经济的增长。由此可见，股票市场一旦发生系统性风险，后果十分严重，会对整个金融体系乃至整个经济造成严重的影响。

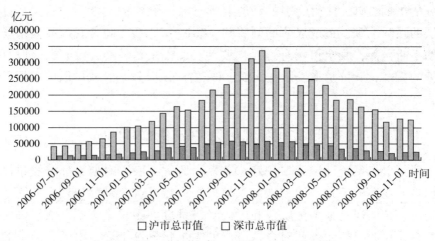

图 4.7 2006 年中至 2008 年末沪深两市的市值

（资料来源：Wind 数据库）

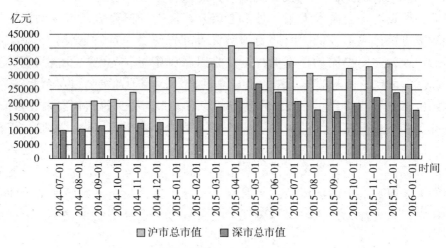

图 4.8 2014 年中至 2016 年初末沪深两市的市值

（资料来源：Wind 数据库）

4.2 股票市场风险向系统性金融风险的传导机制

在当前市场经济体制下，金融发展水平越来越高，金融工具与金融衍生品越来越丰富多彩，金融部门之间因为业务往来联系也越来越频繁。股票市场作为金融市场的组成部分，随着金融创新的不断增加，很多新的交易制度被开展。新交易制度的开展为银行资金流入股票市场建立了渠道，股票市场风险便会无形中通过交易渠道向银行部门产生溢出。

从 20 世纪 90 年代中期开始，为防范银行与证券市场风险之间的相互传染性，我国明确禁止银行业资金流入股市，证券自有业务只能是自有资金与依法筹集资金的集合。严格地说，我国分业经营的制度安排虽降低了利润、效率及阻碍了金融发展，但却阻隔了股票市场系统性风险向银行业的传递，使得系统性金融风险与股票市场的变动无关。但随着金融体制的改革，金融水平的发展，现实发展的需要和利益的驱使，实践中投资者总是有办法将银行信贷资金转化为高风险股票市场投资，这种业务上的交叉使股票市场与银行部门建立了联系，打通了股票市场系统性风险向系统性金融风险传染的通道。毕竟将银行信贷资金直接转化为股票市场投资资金是一种违规违法行为，现实中的转换操作一般是通过间接方式，主要的两个渠道为融资融券渠道和股权质押渠道。

4.2.1 融资融券渠道

2010 年，股票市场"两融交易"制度的实施及随后转融通业务的展开，从制度上打通了商业银行与股票市场资金融通的渠道，彻底改变了银行与股票市场分割的局面。自此，银行的财务状况就变得与股票市场息息相关，同时也提供了股票市场系统性风险向银行转移的渠道，股票市场系统性风险便有可能成为引爆系统性金融风险的风险源。两融交易与银行的连接点在于"资"和"券"，虽说融资融券的融资和融券都并非直接来源于银行，但是实质的出资源和券源大部分都来自银行，银行可通过证券机构和金融公司作为中介将资金流入股票市场。由于保证金制度和平仓制度的存在，使得融资融券制度对系统性金融风险的真正影响并非借入的融资和融券违约风险，而是两融交易量的相对大小通过对市场价格产生影响进而影响整个金融体系的系统性风险。

两融制度的开展克服了我国单边做多的缺陷，主要目的在于使投资者的乐观和悲观情绪充分反映在股价的形成之中，提高股票市场的定价效率，增强市场运行的有效性，降低股价大幅偏离其内在价值的风险，维护市场的平稳发展。融资融券交易制度能成为股价稳定器的基本逻辑在于，当股价被高估时，乐观情绪得到较为充分的释放，乐观情绪者的风险偏好由此产生边际递减，即便可以融资，乐观投资者也会从量上进行风险控制，其做多的动能不断衰减。相反，悲观情绪在这种状态下的释放就不那么充分，悲观情绪者的风险偏好将随着股价高估程度的不断上升而出现边际递增，只要可以融券，悲观投资者就会不断加大融券卖出量，导致做空动能不断上升，不断上升的做空动能与持续衰减的做多动能终究会形成交叉，一旦做空动能超过做多动能，股价上升的态势便会逆转，高估股价的进一步偏离就被有效地控制住；同理，当股价被低估时，融资融券交易将使做多动能不断强化，其结果必将控制住被低估股价的进一步下跌。融资融券交易制度正是通过高估时控制涨幅，低估时抑制跌幅的功能来维护市场的平稳发展的。两融交易对于股价的影响主要在于做多和做空动能的相对大小，然而理想是美好的，而现实却总是难以如愿，由于成本、券源及一些其他的因素，使我国两融交易长期得不到平衡发展，一直是跛脚发展，于是对于股票市场的波动并未起到稳定作用。股票市场波动性增加会导致金融稳定性降低，融资融券制度通过影响市场价格而间接加大了对系统性金融风险的影响。

4.2.2　股权质押渠道

股权质押又称股权质权，是指股权拥有人以其所拥有的股权作为质押标的物而进行的质押。按照目前世界上大多数国家有关担保的法律制度规定，股权质押属于权利质押的一种。简单来说，就是公司股东以其所持有的股票作为质押物，向质押方融入资金，并定期支付利息，其优点是在融资企业无法通过直接渠道快速融资时，股权质押融资则为企业股东提供了一种快速融资的便捷有效途径。开展这项业务的本意是想增加企业融资渠道，帮助企业融资，解决企业的融资困难。但自从质押业务开展至今，质押规模越来越大，据 Wind 数据库统计，截至 2018 年 10 月 19 日，A 股大股东质押股数达到 6026.79 亿股，占所持股份的比重为 6.62%，到 10 月底，在 A 股上市的 3538 家企业均存在股权质押行为，并且有 123 家上市公司大股东进行了 100%股权质押。截至 2018 年底，所有上市公司的质押规模为 6345.12 亿股，将近总股本的 10%，质押市值为 42336.11 亿元，占总市值的 8.69%。如此大的质押规模带来了一系列的风险，主要的风险有资金外逃，造成上市公司的空壳化，在股票市场萧条时造成股票市场价格继续下降的压力，一旦跌破平仓线，给债权人带来资产损失（西部证券因乐视网质押业务而损失净利润的 1/3）等。

股权质押对于系统性金融风险的影响在于股权质押的资金来源，如果融出资金是个人或券商自有资金，则这种风险不会传到银行体系，但如果是银行通过其他渠道将资金参与到股权质押当中，一旦市场价格极度变化触及质押平仓线时，则会将这种风险传导至银行部门，造成银行资产损失。股权质押有场内质押和场外质押两种，场内质押在交易所内进行，场外质押在交易所外进行，场内质押的出资方为券商，场外质押的出资方为银行、信托或个人。即便是场内质押，银行也可通过金融公司将资金进行股权质押交易。截至 2017 年底，场内质押资金的两大来源——券商自有资金和券商资管资金（主要来源于银行）的出资额度分别为 8199 亿元、7403 亿元，两者比例接近 1∶1。金融研究院研报估算，在股权质押的最终资金方中，银行占比约为 70%。银行如此积极地参与股权质押业务，主要是因为收益可观，操作方便且风险较为可控，但实际上一旦发生风险，如此大的质押规模对于系统性的金融风险会带来很大的推动作用。银行的出资方式主要以间接出资为主，因此股权质押对系统性金融风险的影响方式为间接方式。

4.3　股票市场系统性风险与系统性金融风险的实证分析

从实践中看，两次股灾除了给绝大多数普通投资者带来重大损失外，似乎没有对我国金融体系带来任何实质性影响。我们回望中国股票市场近 30 年的历程时，不难发现一个有趣的现象，那就是，中国股票市场危机并不必然导致系统性金融风险，甚至与系统性金融风险没有太大的关系。我们都知道，以市场为主导的金融结构，国家的股票市场发生股灾意味着整个金融体系发生系统性金融风险。我们不禁要问，作为一个以银行为主导的金融结构的国家，中国的股票市场危机对于系统性金融风险是不是起不了关键性的作用？本部分将通过实际数据去测算股票市场系统性风险与系统性金融风险的关系。

4.3.1　我国系统性金融风险的测度

我国金融体系结构是银行主导型的，系统性金融风险反映为系统性重要银行的破产风险。我国银行违约风险采用 CCA 模型，具体的原理已说明，按照其原理对我国的银行违约风险进行测算。

（1）变量选取。

依据 CCA 模型，以及我国系统性金融风险的度量方法可知，我国系统性金融风险测度的关键在于分别求解中国银行、中国工商银行、中国农业银行、中国建设银行、交通银行五大行的违约距离 DD，涉及的变量主要包括：权益市值 E、账面负债 B、权益市值波动率 σ_E、期限 T 与无风险利率 r^* 5 个变量，变量的定义与处理如下。

权益市值 E：由于我国股票市场特殊的股权分置制度，在测算股权市值时应该同时考虑非流通股权；此外，考虑到中国银行、中国工商银行、中国农业银行、中国建设银行、交通银行除在上海证券交易所上市，也均在香港交易所上市，这里我们借鉴 Jankowitsch（2007）、张立华（2016）、巴曙松（2013）等权益市值的计算方法，分别利用 5 家上市银行 A 股市场复权的股票价格与总股本相乘，并除以缩减系数，计算公式为

上市银行股权市值（E）＝总股本股数×A 股前复权收盘价/1.2　（4.3）

账面负债 B：又称违约边界，按照会计准则，参考王晓枫和张铮（2010）、张立华（2016）对银行负债短期和长期划分，短期负债有同业和其他金融机构存放款、向中央银行借款、拆入资金、交易性金融负债、衍生性金融负债、卖出回购金融资产款、应付职工薪酬、应付税费和其他负债；长期负债有吸收存款、应付利息、应付债券、递延所得税负债和预计负债。此处沿用 KMV 公司提出的违约边界值，即

$$账面负债\ B\ =短期负债+0.5×长期负债 \qquad (4.4)$$

权益市值波动率 σ_E：权益市值 E 采用上市银行股价对数收益率的标准差来表示，对数收益率用 r 表示，$r_t = \ln P_t - \ln P_{t-1}$，$P$ 为上市银行的股价，初始权益市值波动率依标准差公式计算。考虑到股票市场价值的波动率呈现出时变性特征，使用 $GARCH(1,1)$ 来计算并反映股价对数收益率波动性。

期限 T 与无风险利率 r^*：无风险利率 r^* 选择一年定期存款利率，T 与 r^* 的选择相关联，在计算 DD 时有两种算法。第一种是根据日度数据的特点，将以天为单位的期限年度化，以保证与年度形式的无风险利率一致，无风险利率选择一年期的存款利率，时间期限年度化具体为去除节假日非交易日，一年交易日约为 244 天，则 T 可选择为 1/244。第二种是将年度形式的无风险利率直接日度化，即无风险利率 r^*/244。经计算，两种方法算得的违约距离 DD 趋势一致，但第二种方法计算的违约距离较第一种违约距离小，违约概率较大，考虑到本书的研究目的，我们这里选择第二种计算方法。

（2）样本数据的选取。

样本数据依各银行上市的时间不同有所不同，中国工商银行（ICBC）上市时间为 2006 年 10 月 27 日，样本数据为 2006.10.27—2022.03.31 的相

关实际数据；中国农业银行（ABC）上市时间为 2010 年 7 月 15 日，样本数据为 2010.07.15—2022.03.31 的相关实际数据；中国银行（BOC）上市时间为 2006 年 7 月 5 日，样本数据为 2006.07.05—2022.03.31 的相关实际数据；中国建设银行（CCB）上市时间为 2007 年 9 月 25 日，样本数据为 2007.09.25—2022.03.31 的相关实际数据；交通银行（BOCM）上市时间为 2007 年 5 月 15 日，样本数据为 2007.05.15—2022.03.31 的相关实际数据。在确定账面负债样本数据时，由于上市银行财务报表数据均为季度数据，无日度数据，本书使用三次样条插值方法将 5 家上市银行的季度负债数据转变为日度负债数据，数据均来自 Wind 数据库。

（3）我国系统性金融风险水平。

将上述样本数据用 Matlab 进行迭代，可算出 A 和 σ_A，然后根据公式 $DD = \left[(\ln\dfrac{A_t}{B_t} + (\mu_A - \dfrac{\sigma_A{}^2}{2})T] / \sigma_A\sqrt{T} \right.$ 便可分别算出五大银行样本期间的违约距离 DD，计算结果见图 4.9。

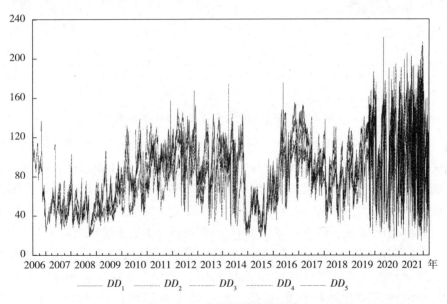

图 4.9　五大银行的违约距离

从图 4.9 可以看出，虽说五大上市银行使用了不同的样本数据区间，且各家银行的违约距离值也不相同，但从重合的时间期限来观察，不难发现它们的违约距离值有相同的趋势，从而也进一步证实了将 CCA 模型作为我国系统性金融风险测度方法的合理性。

比较五大上市银行在各个时间点上的违约距离，并依 $\min\{DD_i\}$ 提取相应的最小值，记为 $DD_{\min}$，便可得到我国系统性金融风险（由于样本数据不完全，2010 年 7 月以前的最小值未必是真值，但因五大行违约距离具有高度相关性，用不完全样本所计算的最小值代替不会改变基本结论）以违约距离所示的值及其变动情况，见图 4.10。

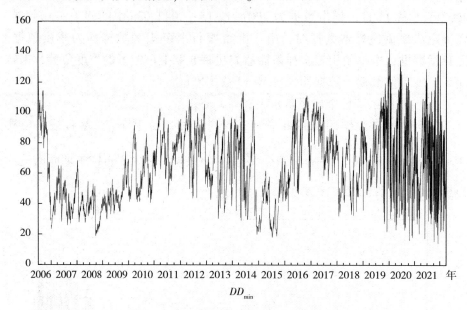

图 4.10 样本期内五大银行最小违约距离

从图 4.10 不难看出，$DD_{\min}$ 在样本观测区间内出现了两次较低的阶段，第一次是在 2006 年初到 2009 年中，这个阶段恰逢股票市场股权分置改革牛市的后半段及牛市泡沫破灭期和随后的 2008 年国际金融危机的冲击；第二个阶段从 2014 年中到 2016 年初，这个阶段是我国股票市场历经"杠杆牛市"及之后断崖式下跌的阶段。2016 年底再次下降，但幅度较小，风险较低，之后震荡较为频繁，尤其 2019 年底，受新冠疫情的冲击，违约距离减小，风险再次增大。虽然图 4.10 表面上似乎表现为系统性金融风险与股票市场系统性风险存在同向的关系，但从样本观测区间内 $DD_{\min}$ 的最小值14.2709 所对应的违约概率 P 值几乎为 0 来看，基本可以断定，我国金融体系结构总体上是稳定的，即便股票市场出现再大的波动，其对系统性金融风险也不会带来实质性的冲击。

4.3.2　股票市场系统性风险对系统性金融风险影响的实证分析

如果股票市场价格越高等价于它的风险越大，那么依上述描述性分析，并结合图 4.11（a）上证综合指数曲线与 DD_{min} 曲线不难看出，股票市场系统性风险与系统性金融风险之间存在明显的正相关关系。实际上，这种关系早已被一些学者所揭示，并探讨了其中的内在机理，例如，张庆君和张荔（2011）通过分析上证指数与 14 家商业银行所构造的银行体系风险指数发现，股票市场价格波动与银行体系风险指数之间存在显著的正相关关系。虽说股票市场系统性风险与系统性金融风险之间存在联系，并且股票市场波动会影响系统性金融风险，但它的影响程度到底有多大，股票市场是否可能成为突破"不发生系统性金融风险底线"的主导因素等，这些问题都值得进一步深入探讨。本书所指的股票市场系统性风险是用收益率 r 的波动率 σ_M 去度量的，上证综合指数收益率 r 曲线与 DD_{min} 曲线见图 4.11（b）。图 4.11（b）除能看出收益率的聚集性外，并不能看到 r 或 r 的波动率 σ_M 与 DD_{min} 的关系。为此，给出 σ_M 与 DD_{min} 的折线图，见图 4.12。

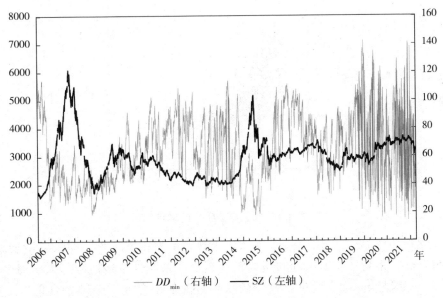

図 4.11（a）　上证综合指数 SZ 曲线与 DD_{min} 折线图

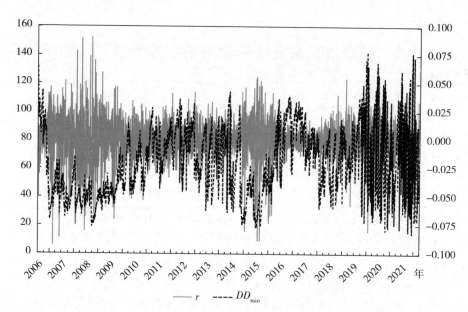

图 4.11（b）　r 与 DD_{min} 折线图

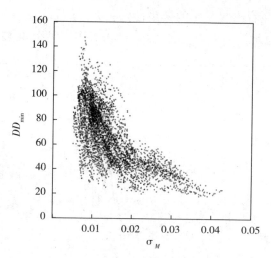

图 4.12　σ_M 与 DD_{min} 的散点图

　　观察图 4.12 可以发现，σ_M 与 DD_{min} 的关系为相反关系，即股票市场波动越剧烈，系统性重要银行的违约距离越小，系统性金融风险越大。另外，图 4.12 又显示，系统性重要银行的违约距离似乎存在一个"饱和值"，即无论 σ_M 如何变动，DD_{min} 均会在这一"饱和值"之上。或者说，随着 σ_M 增大，起初 DD_{min} 会快速下降，当 DD_{min} 降低到一定程度后，DD_{min} 对 σ_M 的下降就变得越来越不敏感，其值始终不会达到"饱和值"水平。

结合图 4.12 的上述两个特点分析，可知图 4.12 适用于用"反逻辑斯蒂曲线"来拟合。为方便起见，且考虑到 σ_M 取值的有限性，以下我们用 σ_M 的倒数函数来代替"反逻辑斯蒂曲线"进行经济计量分析。在具体量化两者之间的关系之前，有必要对变量进行平稳性检验，平稳性检验结果见表 4.2。

表 4.2　平稳性检验

变量	检验形式（c, t, k）	$DF/ADF-t$ 值	t 临界值（5%）	Prob.	结论
σ_M	（c, 0, 0）	−2.5954	−1.9409	0.0095	平稳
$1/\sigma_M$	（c, 0, 0）	−2.1491	−1.9409	0.0317	平稳
$DD_{\min}$	（c, 0, 0）	−4.3111	−2.8624	0.0000	平稳

注：检验形式中的 c、t、k 分别表示常数项、趋势项和滞后阶数。

表 4.2 的平稳性检验结果表明，σ_M、$1/\sigma_M$ 与 $DD_{\min}$ 均为平稳序列，考虑到系统性金融风险所存在的自相关性，σ_M 的倒数函数计量模型设定为：

$$DD_{\min t} = \alpha + \beta\frac{1}{\sigma_M} + \rho DD_{\min t-1} + u_t \tag{4.5}$$

经估计可得：

$$D\hat{D}_{\min t} = 5.3009 + 0.0951\frac{1}{\sigma_M} + 0.8031DD_{\min t-1}$$

$$（0.0951）\quad（0.0069）\quad（0.0096） \tag{4.6}$$

$$R^2 = 0.8031 \quad F = 7610.684$$

式（4.6）即为我国股票市场系统性风险与系统性金融风险的数量关系方程，该方程各个估计参数都通过了显著性检验，且 R^2 较高，F 显著，方程拟合效果较好，说明它能较好地揭示我国股票市场系统性风险与系统性金融风险的关系。该关系式显示，我国股票市场波动的确会对系统性金融风险产生影响，且这种影响具有同向性，即股票市场系统性风险越大，系统性重要银行的违约距离越小，系统性金融风险就越大。但是股票市场波动对系统性金融风险的影响作用又是极其有限的，股票市场波动率增加 1 个百分点，系统性重要银行的违约距离仅下降 0.095%（这一关系从对数形式就可以看得比较清楚）。系统性金融风险最主要的风险源是系统性重要银行自身的运营状况，且 $DD_{\min t-1}$ 前的系数 0.8031 小于 1，说明我国系统性金融风险自身存在不断恶化的现象，防范系统性金融风险必须引起高度重视，只是将防范系统性金融风险的着力点放在股票市场可能用错了地方，扭转系统性金融风险不断恶化的关键在于优化商业银行资产结构。

4.3.3　压力测试

根据股票市场系统性风险与系统性金融风险的关系式进行压力测试，并根据压力测试的结果进行说明。

由式（4.6）可知，当 $\sigma_M \rightarrow +\infty$ 时，$\dfrac{1}{\sigma_M} \rightarrow 0$，代入式（4.5）可得

$$D\hat{D}_{\mathrm{mint}} = 5.3009 + 0.8031DD_{\mathrm{mint}-1} \tag{4.7}$$

式（4.7）表明，即便是我国股票市场完全崩溃，系统性重要银行的违约距离也将大于 26.9218，发生系统性金融风险的概率几乎为 0。这就是说，在我国目前的金融体系结构下，系统性金融风险完全不可能由股票市场系统性风险促发，研究股票市场系统性风险的财富再分配效应远比研究其在金融体系间的传递效应重要。

4.4　本章小结

本部分依据我国银行主导型金融体系结构的特点，从股票市场系统性风险与金融体系系统性风险两个层次来研究股票市场与系统性金融风险的关系，经相应的理论与实证分析，得到以下几点研究结论。

（1）我国股票市场波动较为剧烈，系统性风险水平较高，主要原因是我国的股票市场制度不健全、监管不到位等。

（2）在我国当前的金融体系结构下，股票市场系统性风险与系统性金融风险之间存在明确的正向关系，股票市场系统性风险增大将使系统性金融风险增加，但程度有限，其不足以对系统性金融风险产生实质性的影响。

（3）决定我国系统性金融风险最主要的因素是系统性重要银行自身的运营风险，这种运营风险当前具有内在恶化的趋势。因此，预防系统性金融风险的政策选择是正确的，但其着力点不在股票市场。

（4）压力测试显示，即便是我国股票市场完全崩盘，也不会突破"不发生系统性金融风险"的政策底线，研究股票市场系统性风险的财富再分配效应远比研究其在金融体系间的传递效应重要。

　　根据本书的研究结论，我们建议：（1）全面分析我国系统性重要银行的资产结构，继续探讨房地产市场、债券市场、外汇市场和同业拆借市场对系统性金融风险的影响，找准着力点；（2）完善股票市场制度，加强股票市场监管，将股票市场的中心工作放在维护市场稳定上，不断提高直接融资的比重，从而优化我国的金融体系结构。

第5章 房地产市场与系统性金融风险

房地产业是资金密集型产业，资金杠杆率高。房地产业的资金来源主要是银行部门，因此房地产市场风险的主要载体为银行部门。房地产市场的风险主要通过信贷渠道传导至银行部门，从而加剧银行系统性风险。房地产市场与金融系统稳定性一直受到国内外的普遍关注。2008 年，美国发生金融危机的最根本的原因在于房地产价格泡沫破裂，暴露了银行的次级贷款业务风险，最终因债务无法清偿导致风险爆发，引发金融机构雪崩式破产，整个金融系统海啸式震动，造成了世界范围内的金融市场波动及经济损失。据相关组织统计，次贷危机中全球总损失将近 50 万亿美元，约为 2008 年全球总产值的 1/5。然而美国的次贷危机并非历史上第一次由于房地产市场导致的危机，20 世纪 90 年代日本房地产泡沫和亚洲的金融危机，起因都是人们对房产市场的过度乐观导致其资产价格的非理性增长，最终价格泡沫破灭后致使银行陷入危机，进而影响本国实体经济，使经济陷入停滞状态或衰退中无法自拔。Pais 和 Stork（2011）在研究部门之间的风险传染时得出，房地产行业对于银行系统风险的贡献要高于任何其他部门；Moscone（2014）发现房地产泡沫破裂会加剧银行系统的脆弱性；方意（2015）通过构建 DAG 和 EM 的 FAVAR 模型发现房地产部门风险是银行系统性风险的重要影响因素。

5.1 我国房地产市场的系统性风险分析

房地产具有三大属性，分别为居住、投资和金融，居住是房地产的基础属性也是其本质属性，是刚性需求的体现，投资属性和金融属性是房地产的附加属性。如果房地产的投资需求和融资需求超过了刚性属性，占据了需要的主要地位，就会使房价产生非理性上涨，严重偏离其内在价值，然而这种非理性的上涨难以为继，一旦泡沫破灭，整个市场的风险就会暴露出来。

5.1.1　我国房地产市场的发展状况及原因

（1）我国房地产市场的发展历程。

我国特殊的发展路径致使在新中国成立之初的高度计划经济体制当中，不存在商品房这一概念。改革开放之前，我国城市居民住房由国家进行统一建设，按不同的标准进行分配，主要体现为企业员工的福利房。在农村，由于实行土地承包制度和户籍制度，所以农村居民的住房主要以自建房为主，这种现状一直延续至今。因此，在改革开放之前，我国是不存在房地产行业的，直到 20 世纪 80 年代初，才出现了房地产事业的萌芽。1980 年以后，随着国有企业改革进程的加速，大部分企业于 1998 年开始逐步全面取消原有的福利性住房，房地产行业诞生的内在基础便产生了，同时国家也在政策上允许私人建房和买房，这更进一步加速了我国房地产行业的发展。从 2004 年起，中国房地产行业开始受到投资者的青睐，房地产的价格一路高歌猛进，开启了往后 10 年房地产行业的"黄金十年"。随着房地产行业的迅猛发展，各个城市不断爆发出"新地王"，吸引了更多刚需以外的房地产投资者，房地产行业的投资属性程度逐渐增加。截至 2018 年底，我国主要 70 个大中城市中新建商品住宅价格同比上涨 10.6%，二手住宅价格同比上涨 7.6%，房地产投资急剧升温，房地产行业资金吸收能力逐年持续增高，且在全社会固定资产投资额中所占的比例呈逐年递增的态势，金融投资性属性越来越凸显。

（2）我国房地产市场发展迅速的原因。

为防止房地产市场价格泡沫继续膨胀，国家陆续出台一系列调控政策，然而政策的出台非但没有抑制房价上涨，反而增加了人们对于房地产价格的上涨预期，导致房地产市场的投资热情越来越高。影响房地产价格上涨的原因是多方面的，人口总量和结构的变化，城市化导致人口在城市的聚集，居民收入水平的增加等，但造成我国房地产市场价格迅速上涨的根本推手是流入房地产市场的大量资金。我国正处在经济转型及结构性改革的关键期，货币政策以宽松为主，实体经济收益普遍较低，与房价的成倍上涨形成鲜明对比，房地产市场相对实体经济对资金的吸引力更大，致使大量资金不断涌入房地产行业，房地产投资属性的增大进一步增加了房价上涨的速度。具体的原因如下：

第一，我国经济增长的硬性需求。随着房地产行业的迅猛发展，对经济增长的贡献与日俱增，其目前已成为我国经济发展中的支柱性行业。2007

年开始，房地产对 GDP 的贡献率超过 5%，2008 年出现轻微回落，之后持续上涨，2015 年房地产对 GDP 的贡献率超过 6%，2018 年房地产行业总产值为 59846.4 亿元，占 GDP 的 6.65%，2020 年房地产行业总产值继续增加，为 74552.5 亿元，占 GDP 的 7.34%。房地产对经济增长的贡献主要体现在投资上，2014 年房地产投资 95035.61 亿元，占固定资产投资比率的 18.56%，2018 年房地产投资超过 12 万亿元，2021 年房地产投资 147602.08 亿元。房地产投资越多，对经济增长的拉动作用越强。房地产投资对经济的拉动作用还体现在对相关产业的带动效应，如水泥、建材、金属、重机械等，都是房地产行业蓬勃发展的直接受益者。张洪等（2014）在研究房地产投资对经济发展的影响时发现，房地产投资不但对经济发展存在正向的影响，而且还会带动其他行业的发展。另外，地方政府为了完成经济增长的任务长期依赖土地政策，这种依赖对于房价的增长起着推动作用（张双长和李稻葵，2010）。因此，房地产业的兴衰不仅是一个行业的兴衰，而且会对整个宏观实体经济产生影响。同时，可以观察到这种影响并不是单向的，而是一种相互促进作用，经济增长对房地产行业的依赖越大，越不利于房价的抑制。

第二，我国股票市场波动性较大，投资风险较大。随着经济的增长，人们的收入水平逐渐提高，除满足日常的吃穿住行外，多余的钱便拿来理财。但是作为资金蓄水池之一的股票市场，自成立以来波动性就很大。据统计，大大小小的股灾发生过 7 次，无数的中产阶级在股票市场中被割了韭菜。大多数投资者都属于风险规避者，逐利避险是投资者的特性，收益不大风险不小自然要另寻出路，房地产便成了不错的选择。中国人与生俱来的特征便是把房产看得特别重要，认为房子永远不会卖不出去，投资风险较小，用一句话来形容大部分中国居民对房产的态度最贴切："房产在手，什么都有"。

第三，政策的推动。在制定的一系列调控房价的政策中，多以减少供给为主，有效供给降低，需求并未降低，导致供需不平衡，促使房价上涨。还有一些政策城市，如"雄安新区"的规划，使雄安新区周围的房价几乎翻倍，天津的"人才政策"又带动了天津房价的一波涨潮等。

（3）房地产市场目前发展状况及政策。

2019 年底新冠肺炎疫情来袭，并以非常迅猛的速度席卷全球，给人类带来健康危机的同时，也引发了经济问题。各国既要忙着打病毒战，又要兼顾新冠病毒及防疫政策带来的经济问题。对于中国而言，我们始终将人民的生命健康放在第一位，迅速采取了有效措施，保证了人民的人身安全。在这场战"疫"中，我国经济也受到了一定的创伤。从宏观经济形势来看，工业增加值、服务业生产指数、固定资产投资、社会消费品零售总额和全国财政一般公共预算收入同比大幅下降。从微观企业来看，新冠肺炎疫情对各企业造成了巨大冲击，给企业经营发展带来诸多难题和挑战。房地产行业也深受新冠肺炎疫情的影响，对于地产公司来说，由于缺乏资金，导致房地产开发投资下降，新项目减少，旧项目无法如期完成建设。对于购房者而言，长期隔离没有收入，无法支撑银行贷款。于是房地产商选择降价促销（据统计，目前降价幅度超过 10% 的房企有 4 家，分别是碧桂园下跌 15.6%、绿城中国下跌 10.2%、绿地控股下跌 11.7%，金科集团跌幅最大，为 21.9%。），回收资金，购房者延期还贷甚至不还贷，一时之间全国多个城市房企成交量大幅降低，对全国经济增长造成了很大影响。

为应对房地产市场受疫情冲击的情况，保障群众住房需求，2022 年 3 月 5 日，李克强总理《政府工作报告》强调，探索新的发展模式，坚持租购并举，加快发展长租房市场，推进保障性住房建设，因城施策，促进房地产业良性循环和健康发展。之后，国家又出台了许多相关政策刺激房地产市场稳定发展。具体表现在以下几个方面。

第一，放松限购政策。据不完全统计，2022 年以来，截至 9 月 17 日已经有 29 个城市宣布放松商品房限购政策。单是 9 月，就相继有 4 座城市发布放松商品房限购政策。限购政策包括首套房条件、二套房、三套房甚至全面放开限购，以及二孩、三孩家庭可增购等。

第二，全国贷款利率不断下调。2022 年 5 月 20 日，中国人民银行授权全国银行间同业拆借中心公布，5 月 20 日贷款市场报价利率（LPR）为：1 年期 LPR 为 3.7%，5 年期以上 LPR 为 4.45%，较上月 4.6% 下调 15 个基点。5 月 15 日，央行宣布房贷打折，首套房利率可下调 20 个基点，最低 4.4%。此次再次下调，代表房贷利率最低可达 4.25%。央行宣布对于贷款购买普通自住房的居民家庭，首套住房商业性个人住房贷款利率下限调整为不低于相应期限贷款市场报价利率减 20 个基点，二套住房商业性个人住房贷款利率政策下限按现行规定执行。同时截至 8 月，1 年期、5 年期 LPR 分别较上月下降 5 个基点、15 个基点。

第三，首付比率降低。对于首套房和二套房的首付比率降低，各地的具体政策不同，大部分城市首套房的首付比率由原来的 30% 下调到 20%，某些城市二套房的比率由原来的 60% 下降为 30%，一些开发商甚至还允许首付分期付款。

第四，公积金支持力度不断加大。据不完全统计，截至 9 月 14 日，全国范围内已有超过 120 个城市或地区，在今年发布过一次或多次住房公积金贷款调整政策。对于个人、夫妻双方缴存住房公积金、二孩三孩、组合贷、贷款期限、人才引进等政策都做了一定程度的放宽。

5.1.2　房地产市场的系统性风险

房地产作为资产的一种，其风险自然体现为价格的波动。随着房地产市场价格的快速上涨，风险也在逐渐积聚，这种上涨一旦没有刚性需求作为支撑，极易发生波动，一旦发生波动，便产生了风险。风险就是损失的可能性，一旦价格下跌，会对投资者造成损失，损失到一定程度，购房者会因无法维系当前贷款水平而产生违约现象，从而造成具有传染性的连锁反应。对于房地产系统性风险的测度，不同的学者有不同的意见，主要有两类，一类是指标法（包含房地产市场的各个方面），另一类是测算价格泡沫值法。

（1）综合指标法。

所谓指标法就是将代表房地产市场风险的各个方面通过一定的方法汇总成一个综合指标，用这一综合指标来表示房地产市场的全面风险。常用的指标有房地产开发投资额占固定资产投资额比重、房地产开发贷款占银行贷款总额比重、房价收入比、空置率、房价租金比等。何恺和程道平（2016）利用住房价格风险、住房流动性风险和住房库存风险作为主要指标，构建了我国房地产市场风险指标体系，选取这三个方面的原因是：第一，住房价格波动风险是房地产市场风险爆发的直接原因，同时也是对市场整体健康衡量的直观尺度；第二，住房流动性风险是关系到房产投资渠道是否可以畅通，供给量是否充足的主要指标；第三，住房库存风险的大小是对房产供求关系的主要直观衡量，库存越高，意味着房地产市场风险越大。

（2）泡沫值法。

房地产的价格泡沫值是目前使用最多的房地产市场风险测度方法，在日常研究和口头表述时，房地产泡沫这一词也用得最多。所谓价格泡沫是指房地产的价格偏离实际价值的程度，偏离越多，则泡沫越大，破灭的风险就越大。之所以用"泡沫"这一词来形容房地产市场的风险，是因为泡沫是空的，没有任何的支撑，房地产市场价格一旦没有刚需做支撑，涨起来的价格与泡沫类似，随时有破裂的风险。房地产泡沫一般出现在经济繁荣、扩张、房价快速上涨时期，房地产之所以会出现泡沫与过度的投机密不可分。Case 和 Shiller（2003）测算了美国的房地产市场泡沫；Saito（2003）对日本与美国前 20 年的房地产行业数据进行了收集分析，主要通过地价与楼价的趋势、房地产企业融资结构等数据来衡量对比两国之间的房地产泡沫程度；Chung 和 Kim（2004）对韩国房地产市场做了大量的分析，对其房地产泡沫进行了检验；吕江林（2010）构建了房价收入比模型，将房贷首付比例、未来每期房供金额和房贷利率作为模型输入变量，利用中国 35 个重点城市 2006—2012 年相关数据计算出房地产价格泡沫。

（3）房地产市场系统性风险的测度方法。

实际上，各个机构组织和研究者在研究房地产市场时，一般用的词是房地产市场风险，或者房地产市场价格波动，鲜有房地产市场系统性风险或房地产市场危机这种叫法。房地产市场风险是指房地产价格泡沫破灭的风险。房地产市场价格泡沫破灭将导致房地产市场发生危机。那么，房地产市场价格下降到何种程度，这一泡沫才会破灭？并没有人明确指出这一点。刘向丽（2014）在研究房地产市场风险对银行风险的极端压力测试时，用了房地产板块股指收益率的最大可能损失 VaR，但这也并非是房地产市场发生危机时刻的值。根据日本和美国的危机，我们来总结房地产市场爆发危机的特征：第一，房地产市场价格大幅度下降；第二，房地产市场产生违约；第三，房地产市场金融功能丧失。针对第一个特征，其实价格下降的程度依然是一个未知量，因此我们分析第二和第三个特征来反推第一个特征的具体值。第二个特征为房地产市场产生违约，这里违约是指房主与债权人之间的违约。

按照中国房地产交易规则来看，一般首套房的首付比率为全款金额的30%（全国各地关于首套房的首付比例，并没有统一的标准，如北京、深圳等部分限购的大城市，其首付比例往往会更高一些，具体还是要以当地规定为准。另外首套房比率与贷款方式、建筑面积等都有关系，公积金贷款与商业贷款首付比率一般存在一定的差异，建筑面积不同，首付比率往往也不同。普遍来看，各地的首付比率一般处于 20%~30%，考虑到房价在高峰期时大部分区域施行的政策是首付比率为 30%，本部分主要探索房价下降多少会产生违约，因此首付比率按 30%进行阐述），贷款比例为 70%，也就是说房产总金额的 70%是通过向银行贷款或其他的方式借来的，只有30%的资金是房主自付的，房产的负债率为 70%，这 70%的负债获得以房主向银行或其他的债权人抵押房产为前提，一旦发生违约，债权人将获得房子的产权。当房地产市场出现降温，房价开始回落，如果房价下降的程度不高，只会使房地产市场产生风险，但不会发生危机。例如，房价降低5%，这时候房产的总金额为原来金额的95%，但欠银行等债权人的金额不变，依然为总金额的70%（这里忽略月供等其他因素，分析最简单的情况），5%的资产缩水，体现在自付资金里面。这时候如果发生违约，重新再买一套房子，意味着放弃银行或其他债权人70%的负债金额，重新花95%的钱再去买一套新的，想来不划算。但如果房价持续下跌，降低10%，15%……一直降为房产总资金的70%，房价降低了30%，这时债权人的负债金额等于于重新买一套新房子的金额，这是一个临界值，在这一临界值，房主可以选择继续归还债权人70%的负债，也可以选择违约重新支付与负债金额相同的资金重新买一套房子，两种行为的选择所付的金额相同。如果房价继续下降，那么重新买一套新房子所花费的金额将低于上套房子的负债，便会产生违约，所以房价降低原房价的30%便是产生违约的临界点。如果算上月供原理也一样，只要对债权人负债金额大于原房价×（1-降价比率），便会产生违约。一旦产生违约，由于房价下降的预期，房地产便无投机的机会，房地产市场的金融功能就会丧失。由此可见，房地产市场价格降低原房价的30%可称之为房地产市场价格泡沫破灭的临界值，即发生房地产危机的临界值。房地产市场一旦发生危机，会出现房地产投资急速下降，市场库存急速增多，空置率升高等现象。出现这些现象的原因在于房价下跌，所以本书把房价下跌幅度作为房地产系统性风险测度值。

5.2 房地产市场风险向系统性金融风险的传导机制

房地产行业自身的属性特点决定了其必然是一种资本密集型产业，房地产行业的高杠杆性使房地产行业与金融信贷机构密切相关。房地产资金主要来源于银行部门，一旦房地产价格出现持续性波动，对行业产生负面冲击时，房地产市场风险就会通过房地产贷款资产渠道传导至银行部门，从而加剧银行部门系统性风险，此为直接渠道。另一方面，房地产市场对系统性金融风险存在间接影响，银行对房地产行业的投资偏好增大，会导致其他产业的投资挤出效应增大，如果房地产投资对实体经济的投资挤出过度，会导致经济"脱实向虚"现象严重，企业融不到日常经营所需要的资金，资金链产生断裂，致使实体经济萎缩。金融市场的发展是以实体经济为依托的，脱离了实体经济的支撑，金融市场也会犹如无根的浮萍，稳定性降低。房地产市场对系统性金融风险的传染途径分为投资挤出渠道（间接渠道）和信贷渠道（直接渠道），其中信贷渠道最重要。

5.2.1　投资挤出渠道

我们都知道投资是拉动经济的"三驾马车"之一，但过度投资带来的并不是有效需求的增加，反而会造成资产价格的非理性增长，产生相应的负外部性。如果房地产企业对于社会资金的吸引力不断加大，必然会导致有限资金在其他产业的净流出状态，产生产业的挤出效应，导致其他行业的资金短缺加剧，不利于我国产业的均衡发展和经济长期的健康发展。目前，房地产业作为我国国民经济的支柱性产业，除了直接对 GDP 的贡献之外，对产业链上下游诸多行业起着重要的带动作用，对促进就业等方面效果明显，对国民经济的发展具有重要的推动作用，但从总体来看，未必是长远之计。当房价持续大幅上涨，房地产市场繁荣，会产生房地产市场价格的上涨预期，相较于其他行业，房地产行业投资回报更高，风险更小，由于资本基因的趋利避害性，导致无论政府如何实施引导都无法改变资本从制造业等其他实业中不断退出转投房地产行业的现状（王永钦和包特，2011），房地产行业对其他实体经济产业投资挤出效应明显。从长远来看，投资分配不合理会导致国家产业结构不合理，不利于国家进行产业结构升级，实体经济得不到足够的投资保障会阻碍经济的发展，加剧整个经济体系的脆弱性，固然也会波及金融体系的稳定性。当房地产市场价格下降时，原来投资了房地产行业的企业想要通过抵押房产进行融资，由于房地产行业预期发生改变，企业前期投资无法通过抵押房产变现，企业经营资金链压力加大，导致企业违约概率整体上升，影响金融系统的整体稳定性。另外，房地产行业的上下游企业如钢铁水泥等行业，会由于房地产行业的萧条导致前期生产的产品滞销，生产过剩，造成能源的浪费。房地产市场的价格还可通过影响居民的财富情况对消费和收入分配产生消极影响，从而对经济产生负面影响。Wigren 和 Wilhelmsson（2007）研究发现，短期内房地产投资可以显著拉动整体经济增长，但无法实现长期拉动作用；原鹏飞和冯蕾（2014）研究发现，房地产价格上涨拉动建筑业等行业发展的同时，会抑制农业等其他行业的发展，房地产价格上涨还会造成贫富分化严重等问题；况伟大（2011）发现房地产投资对经济增长的影响小于经济增长对房地产投资的影响，且房地产价格上涨会使城镇居民家庭之间的贫富差距更为悬殊。

5.2.2　银行信贷渠道

房地产行业是资金密集型行业，资金需求大、投资周期长等特点决定了必须有充足稳定的现金流才能维持行业的健康发展。我国的金融体系结构是以银行为主导的，房地产市场的资金来源主要是银行信贷，一旦房地产市场发生危机，将通过信贷渠道直接影响银行的资产安全，加剧银行风险，严重者会引发整个金融体系的系统性金融风险。

房地产市场的价格与银行的信贷之间存在密切的关系。从银行层面分析，在房地产市场的繁荣时期，房价持续上涨预期增加，房地产行业的高收益诱惑使得银行在管理层的业绩压力及银行同业竞争的压力下，更乐意将贷款发放给房地产行业，不断增加对房地产信贷的投放规模，甚至会违规借贷。从投资者层面分析，银行信贷的增加、借贷成本的降低、房价持续上涨的预期加上投资者对房地产的执念，认为房地产收益高风险小，于是争相涌入房地产市场，甚至不惜高息融资炒房，过度的需求和房价上涨预期会使房地产市场的价格更高。对于房地产开发商来说，房价不断刷新纪录，会诱导外部资金的不断涌入，进一步促进地产开发商不顾自身风险加杠杆继续做大市场份额。这种繁荣景象会使银行放松房地产客户的筛查条件，从而产生更多信贷资金，如此恶性循环，资产泡沫越来越大，风险积聚越来越严重。房价增长与信贷扩张之间是互相推动的，房地产市场价格上涨导致了银行部门的信贷量增加，银行部门对房地产市场信贷的投放又促进了房地产市场的繁荣，通过信贷渠道，房地产市场与银行部门的联系更加紧密。

当房地产市场价格偏离其价值越来越大时，小的经济扰动都有可能是"压垮市场的最后一根稻草"，房价下跌的预期一旦形成，房地产市场也将离衰败不远。首先表现在银行对房地产的信贷态度上，由于房价的下降，使得投资房地产市场的利润降低，风险增大，加之政策环境由宽到紧的要求，银行会减少对房地产贷款的发放。对于已购房的投资者来说，由于房价的持续下降，利率的提高，造成还贷压力增加，加之银行前期盲目地发放房贷，对于贷款者的还款能力审核较为宽松，导致一些购房者无法承担后续还款的压力，在房价持续性下跌的情况下，当所欠款项高于房价市值时，购房者会拒绝继续向银行还款，房地产市场产生违约，这无疑会造成银行资产的直接损失。对于房地产开发商而言，一旦房价下降的预期形成，由于潜在的购房投资者受到银行的惜贷及房价的下跌预期双重影响，购房欲望下降，从而造成房地产的成交量降低，导致房地产市场低迷。房地产市场的交易低迷会加大房地产行业的库存，大批现房沉淀在房产库存上不能进入市场交易，引发开发商资金链断裂，房地产市场高杠杆风险就会暴露出来。由于开发商前期所投资金基本依赖于银行的贷款，后续的经营又无法回款，直接造成银行的信贷资产风险。综合上述分析，银行在房地产行业的繁荣时期，无论是通过购房投资者或房地产开发商，对房地产行业进行了过多的贷款投放，一旦繁荣时期过后，房地产价格降低，房地产市场产生违约，会通过信贷渠道影响银行的稳定，严重者还会造成银行的危机。Allen 和 Gale（2000）利用信贷扩张房地产模型对信贷数据与房地产价格数据进行研究发现，信贷的扩张会进一步推动地产价格的上升；Semlali 和 Collyns（2002）利用亚洲数据（韩国、新加坡、泰国和中国香港）的实证研究发现银行信贷扩张与房价上涨之间是相互促进的关系；Davis 等（2011）对 17 个国家和地区的银行信贷与房价进行详细研究发现，银行信贷变化会影响房地产价格的变化。国内众多学者也从相同角度出发，对银行信贷与房地产价格的关系进行研究，结果发现两者的影响机制并非单方向的，而是呈现紧密的交互作用。

5.3　房地产市场系统性风险与系统性金融风险的实证分析

5.3.1　房地产市场价格与银行信贷的数量关系

信贷渠道是房地产市场风险向银行部门系统性风险传导的主要通道，图 5.1 为房价与房地产贷款余额占总贷款余额的比率。由于银行数据公布的时间限制，数据选自 2007 年末至 2022 年中，为半年度数据，考虑到房地产市场的系统性风险为整个地产行业所有房价下跌的风险，因此房价指标选择全国平均房价（全国商品房销售总额/全国商品房销售总面积，单位：元/m²），房地产贷款余额占总贷款余额的比率=（房地产企业贷款余额+个人住房贷款余额）/银行总贷款余额，简称房地产贷款占比。

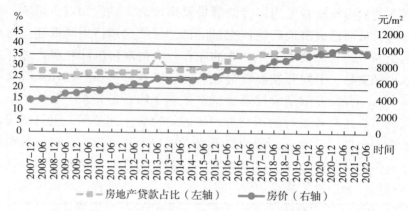

图 5.1（a）　房价与中国银行房地产贷款占比

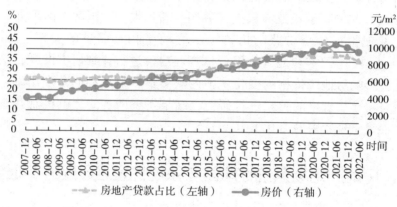

图 5.1（b）　房价与中国建设银行房地产贷款占比

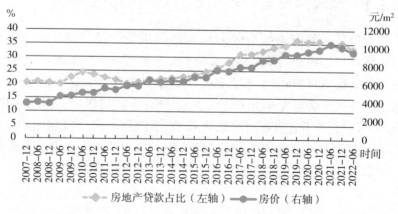

图 5.1（c）　房价与中国工商银行房地产贷款占比

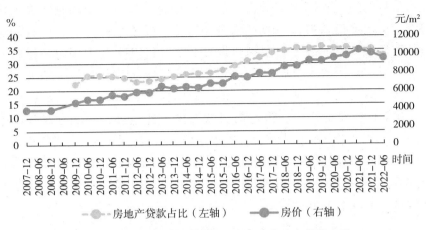

图 5.1（d）　房价与中国农业银行房地产贷款占比

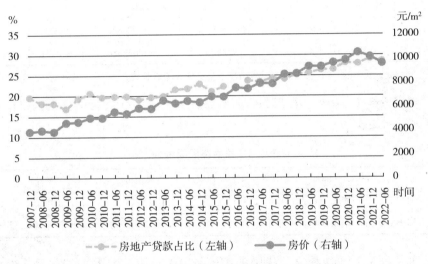

图 5.1（e）　房价与交通银行房地产贷款占比

（资料来源：Wind 数据库）

观察图 5.1（a）～图 5.1（e），全国房价从 2007 年末 3885.39 元/m²，经过 14 年的发展，上涨到 9586.40 元/m²，是 2007 年末的 2.47 倍。房价和五大国有商业银行房地产贷款占比几乎都表现为相同的趋势，两者呈现正相关关系，随着房价的升高，五大行的房地产贷款占比升高。2021 年 6 月之前，五大行的房地产贷款占比与房价大致为增长趋势，之后出现转折，五大行的房地产贷款占比与房价转折点及转折轨迹不完全一致，除交通银行外，其余 4 家银行房地产贷款占比转折点要先于房价，但趋势大致相同，即在房价较高的位置出现了转折，前后相差时间较少。交通银行在高房价形势下，房地产贷款占比一直在攀升，转折点要晚于房价。五大行的房地产贷款占比中，中国银行和中国建设银行最高，其次为中国农业银行和中国工商银行，最低的为交通银行。交通银行房地产贷款占比在 2016 年时波动性较大，除此之外，其他银行最低的数据也在 20% 左右，最高占比将近 45%。在银行的总资产中，银行的贷款规模占比最高，大部分时间段超过 50%，一旦房地产市场泡沫破裂，发生违约，对银行将是摧毁式的打击。进一步观察两者之间的数量关系，房价记为 HP，五大银行最大房地产贷款占比记为 DR（最大贷款占比的原理与最小违约距离的选取原则一致），进行平稳性检验，见表 5.1。

表 5.1 平稳性检验

变量	检验形式（c, t, k）	$ADF-t$ 值	t 临界值（5%）	Prob.	结论
HP	（c, 0, 1）	−14.130808	−3.020686	0.0000	平稳
DR	（c, 0, 1）	−3.500551	−3.020686	0.0191	平稳

注：检验形式中的 c、t、k 分别表示常数项、趋势项和滞后阶数。

观察表 5.1，HP、DR 都为一阶单整序列，进一步进行格兰杰因果检验，结果见表 5.2。

表 5.2 格兰杰因果检验

Null Hypothesis	Obs	F−Statistic	Prob.
HP does not Granger Cause DR	28	12.1245	0.0007
DR does not Granger Cause HP		0.6712	0.5258

通过表 5.2 可以看出，我国的 HP 和 DR 不是互为因果的关系，HP 是 DR 的原因，但 DR 不是 HP 的原因，即房价的变动是影响银行房地产贷款占比的原因，但银行房地产贷款占比却不是影响房价变动的原因。由此因果关系建立回归模型，进一步分析两者之间的数量关系，从散点图上直观地观察两者之间关系见图 5.2。

观察图 5.2，HP 和 DR 之间并非线性关系，在房地产价格较低的阶段，房价与房地产贷款占比呈反向变动关系，随着房地产价格的增加，银行信贷降低，房价的贷款效用为负，一旦房价超过一定的数值，房价与房地产贷款占比呈正向变动关系，房价的上升会带来银行房地产信贷的增加，且对银行信贷的带动效应为加速效应。当房价位于 7000 元/m² 左右时，银行信贷的带动效应降低，房价继续升高超过一定的数值之后，房价与房地产贷款占比变动关系出现转折。经多次试验，以三次函数拟合效果最好，结果如式（5.1）。

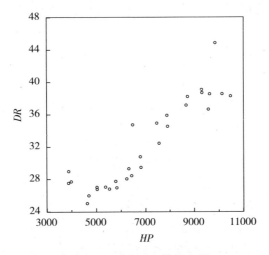

图 5.2　*HP* 和 *DR* 的散点图

$$DR = 85.5733 - 0.0294HP + 4.54E - 06HP^2 - 2.06E - 10HP^3$$
$$(15.8291) \quad (0.0073) \quad (1.09E - 06) \quad (5.14E - 11) \quad (5.1)$$
$$R^2 = 0.9067 \quad F = 84.2298 \quad DW = 2.1841$$

由于 *HP* 和 *DR* 并非平稳序列，需要对回归结果的残差项（记为 e_H）进行平稳性检验，见表 5.3。

表 5.3　平稳性检验

变量	检验形式（c，t，k）	$ADF - t$ 值	t 临界值（5%）	Prob.	结论
e_H	（0，0，0）	-2.684767	-1.960176	0.0102	平稳

注：检验形式中的 c、t、k 分别表示常数项、趋势项和滞后阶数。

观察表 5.3，残差项通过了平稳性检验，为平稳序列，且回归方程的各个系数都通过了 t 检验，整个方程通过了 F 检验，经 *DW* 检验模型不存在自相关，R^2 很高，说明方程拟合不错，可以很好地解释 *HP* 和 *DR* 之间的数量关系。经回归方程表达式可计算出房价的第一个临界值为 4817.45 元/m²。当房价低于 4817.45 元/m² 时，随着房价的上升，银行信贷降低，这是因为在房地产价格低区间内，不会形成价格上涨预期，房地产的投机交易较少，此时的房地产行业对银行的诱惑并不大，且低房价导致购房者的负债率较低，直接导致银行信贷较低。当房价持续上涨，超过了 4817.45 元/m²，会形成价格上涨预期，房地产的投资需求和供给量都会加大，房地产市场交易额受房价和交易量增长的双重影响，增长率加快，造成负债的增加。房地产市场的负债体现为银行的信贷，银行面对增大的信贷需求在逐利的驱使下是乐意见到的，表现为房地产银行信贷占比增加，并且随着价格的增加，房地产投资对银行的吸引力增大，房地产信贷占比速度加快。对式（5.1）求导得：

$$\frac{d(DR)}{d(HP)} = -0.0294 + 9.08E - 06HP - 6.18E - 10HP^2 \qquad (5.2)$$

式（5.2）为 DR 对 HP 求导的结果，表示在房价的各个水平下，房价每上涨 1 元/m²，银行房地产贷款率增加多少个百分点，表现为 HP 的二次函数。此函数为倒 U 形二次函数，当 HP 小于 7346.28 元/m² 时，随着 HP 的增大，DR 的增长率增大，房价对银行信贷的加速带动效应明显；当 HP 小于 7346.278 元/m² 时，随着 HP 的增大，虽 DR 依然在增大，但增长率降低，房价对银行信贷的带动效应速度降低。银行房地产贷款占比的增加，一方面对其他产业的挤出效应增加，降低资金的实际产出效用，另一方面随着房地产市场价格的上升，持续增加的贷款占比造成银行部门的风险积聚，一旦房地产市场产生危机，银行对房地产市场的贷款将会是系统性金融风险的爆发源。因此，当房价超过 9875.11 元/m² 之后，HP 增加，DR 不再继续升高，房价对银行信贷的拉动效应为负。银行调整自身资产结构，加大对房地产信贷的监管，降低房地产贷款占比，以缓解自身风险。

5.3.2 房地产市场系统性风险对系统性金融风险的影响分析

房地产市场系统性风险通过影响银行的信贷资产对银行整体的系统性风险水平产生影响，考虑到 DD_{min} 为每天的数据，上述的全国平均房价为季度数据，为了从直观上观察房价与系统性金融风险的关系，这里选择申万的房地产行业指数，记为 HPI（虽不如上述计算的房价全面，但也能基本代表上市房地产业的价格变化），图 5.3 为房价指数和银行最小距离的折线图，样本区间为 2006 年 7 月 5 日至 2022 年 3 月 31 日。

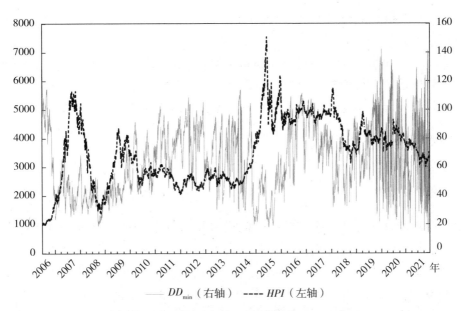

—— $DD_{\min}$（右轴）　---- HPI（左轴）

图 5.3　房价与银行最小违约距离的折线图

（资料来源：Wind 数据库）

观察图 5.3，房价波动与银行违约距离呈明显的反向变动关系，房价越高，银行的违约距离越小，系统性金融风险越大；反之亦然。但考虑到房地产行业价格指数的范围不够全面，且房地产市场主要通过信贷渠道对银行风险产生影响，所以在上述房地产价格对银行信贷影响的分析基础上，进一步分析房地产信贷对系统性金融风险的影响。

房地产市场资金来源中，银行机构占比最高，房地产市场一旦发生违约，将会造成银行房地产贷款资产损失，进而造成银行资产风险水平升高，系统性金融风险加大。银行部门的违约距离为：

$$DD = \left[\left(\ln\frac{A_t}{B_t} + \left(\mu_A - \frac{\sigma_A^2}{2}\right)T\right)\right]/\sigma_A\sqrt{T} \tag{5.3}$$

资产部分的房地产贷款资产发生变化，对 DD 的影响原理为：

$$DD(H\%) = \left[\left(\ln\frac{A_t - A_{Ht}}{B_t} + \left(\mu_{A-H} - \frac{\sigma_{A-H}^2}{2}\right)T\right)\right]/\sigma_{A-H}\sqrt{T} \tag{5.4}$$

其中，$DD(H\%)$ 表示房地产贷款损失 $H\%$ 时的违约距离，A_H 表示银行对房地产市场的贷款发放额，σ_{A-H}^2 表示总资产减去房地产贷款剩余资产的方差，σ_{A-H} 为标准差。

$$\sigma_{A-H}^2 = \sigma_A^2 + \sigma_H^2 - 2\mathrm{cov}(A, H) = \sigma_A^2 + \sigma_H^2 - 2\rho\sigma_A\sigma_H \tag{5.5}$$

ρ 为 A 和 H 的相关系数，H 为 A 的一部分，相关系数为 1，式（5.5）可写成：

$$\sigma_{A-H}^2 = \sigma_A^2 + \sigma_H^2 - 2\mathrm{cov}(A, H) = \sigma_A^2 + \sigma_H^2 - 2\sigma_A\sigma_H \qquad (5.6)$$

当房地产市场价格下降到一定程度时，会产生信贷违约，信贷资产违约导致银行资产缩水，银行违约距离增加，违约风险加剧。

5.3.3　压力测试

根据式 $DD = \left[\left(\ln\dfrac{A_t - A_{Ht}}{B_t} + \left(\mu_{A-H} - \dfrac{\sigma_{A-H}^2}{2} \right) T \right] \middle/ \sigma_{A-H}\sqrt{T} \right.$ 进行压力测试，由于房地产贷款资产为季度数据，同样采用三样条插值法将数据变为日度数据，样本时间根据每个银行公布的资产负债表中房地产贷款数据的最早时间开始，至 2017 年末，具体为：中国工商银行（ICBC）样本数据区间为 2008.01.02—2022.03.31；中国农业银行（ABC）样本数据区间为 2010.12.31—2022.03.31；中国银行（BOC）样本数据区间为 2008.01.02—2022.03.31；中国建设银行（CCB）样本数据区间为 2008.01.02—2022.03.31；交通银行（BOCM）样本数据区间为 2008.01.02—2022.03.31。当银行的房地产贷款额损失 10%，五大银行的最小违约距离记为 $DD_{\min}(10\%)$，将 $DD_{\min}$ 与 $DD_{\min}(10\%)$ 进行比较，具体见图 5.4。

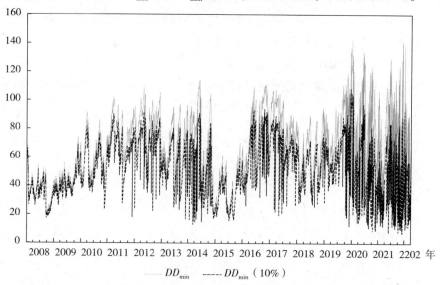

图 5.4　银行房地产贷款损失 10% 时的 $DD_{\min}$ 和原 $DD_{\min}$

　　观察图 5.4，随着银行房地产贷款额损失程度的增加，违约距离在逐渐降低。2019 年底之后，随着贷款损失率的增长，违约距离下降速度加快，违约概率提高。其他时间段违约距离下降较慢。0%、10% 不同程度损失的 DD_{min} 在各个时期的最小值分别为：14.2709、7.0482，当违约距离为 7.0482 时，违约概率为 9.06E-11%，违约概率较低，风险较小。再次加大违约贷款损失率，进行压力测试，当违约损失为 20% 时，观察五大行的违约距离，见图 5.5（a）~图 5.5（e）。

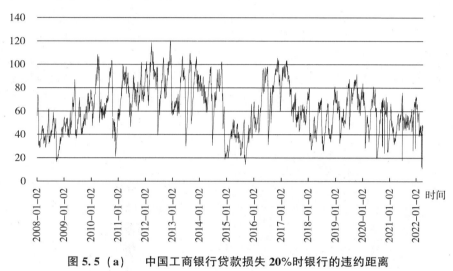

图 5.5（a）　中国工商银行贷款损失 20% 时银行的违约距离

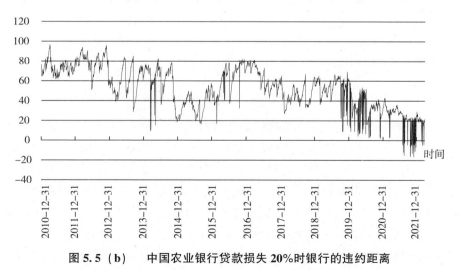

图 5.5（b）　中国农业银行贷款损失 20% 时银行的违约距离

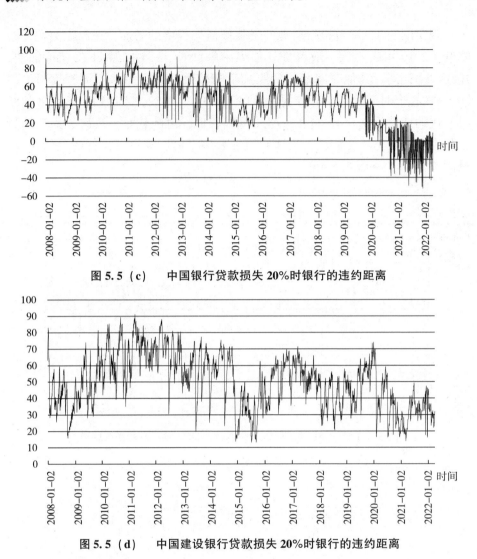

图 5.5（c）　中国银行贷款损失 20%时银行的违约距离

图 5.5（d）　中国建设银行贷款损失 20%时银行的违约距离

　　观察图 5.5（a）～图 5.5（e），当银行房地产贷款额损失 20%时，在样本区间内，银行的违约距离出现负值，违约概率增大，推算银行的贷款损失率在 10%～20%时，银行会发生违约，爆发系统性金融风险。且随着时间的推移，房地产贷款损失率越大，违约距离降低的速度越快，系统性金融风险发生的概率越大。在五大银行中，共有三家银行违约距离出现负值，分别为中国农业银行、中国银行和交通银行。首次出现违约的为中国银行，当房地产贷款损失达到 20%时，其违约距离低于 0 值的距离明显大于其他两家银行，其次为交通银行和中国农业银行，这与房地产贷款占总贷款的比

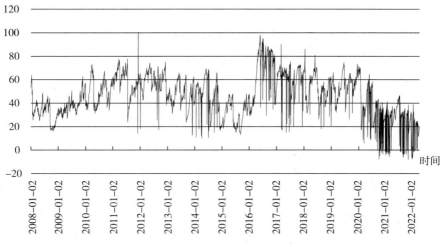

图 5.5（e）　交通银行贷款损失 20%时银行的违约距离

重有关，中国银行和中国农业银行房地产贷款相对于其他三家银行占比较大，因此一旦房地产贷款出现损失，对其影响最大。交通银行房地产贷款占比在五大银行中相对最小，按理说应是最安全的一家，为何会发生违约呢？观察图 5.1（a）～图 5.1（e）五大银行的房地产贷款占比可知，当房地产价格超过一定的数值时，五大银行的房地产贷款占比皆出现回落，其中以中国工商银行和中国建设银行为最，减少资产中的房地产贷款以规避风险，因此当其房地产资产出现损失时，对其影响较小。中国农业银行和中国银行房地产贷款占比虽也出现回落，但幅度较小。交通银行房地产贷款占比非但没有回落，在 2022 年 3 月以前甚至加速上升，直到 2022 年 3 月才出现回落，因此其房地产资产损失增加，风险增大较快。

　　进一步与上述房价联系起来，考虑到目前中国的房价大概为 9586.399 元/m²（2022 年 6 月全国的平均房价），此价格区间位于 *HP* 和 *DR* 关系曲线的右上部，即当房价降低时，房贷占比升高，但增长率降低。根据式（5.1）和式（5.2）进行计算，当房价降低 1000 元/m² 时，此时房价为 8586.399 元/m²，银行房地产贷款占比将降低 2.0293%，银行房地产贷款占比＝银行对房地产行业的贷款总额/银行的总贷款，贷款损失率＝房地产贷款损失额/房地产总贷款额。银行目前房地产的贷款占总银行的贷款最大值约为 45%，将 2.0293%进行换算，除以 45%得 4.5095%，也就是说，在目前的情况下，房地产市场的平均价格降低 1000 元/m²，会引起银行房地产贷款总额损失 4.5095%。当房价降低 2000 元/m²，变为 7586.399 元/m² 时，按同样计算原理，银行房地产贷款总额损失 12.4253%。如果房价降低 3000

元/m²，房地产价格降低 31.2943%，银行房地产贷款总额损失 21.005%，银行的违约距离为负，整个金融体系将会爆发系统性金融风险。

5.4 本章小结

房地产行业作为我国经济发展中的支柱性产业，对经济增长的拉动效应显著，但房地产行业的资本密集性及高杠杆特征，导致房地产市场与银行部门的风险密切捆绑。我国房价近年来增长过快，房地产市场积累了大量风险，一旦泡沫破灭，由于房地产市场与银行部门极强的关联性，最终将导致系统性金融风险的产生。

房地产市场系统性风险对系统性金融风险的传导渠道主要是信贷渠道，房地产市场价格的增高会引起银行房地产信贷占比的增加，银行对房地产行业的贷款作为总资产的一部分，一旦发生损失，将会造成银行违约风险的提高。通过实际数据的分析得出的具体结论如下：

（1）我国房地产市场目前房价过高，房地产市场泡沫较大，房地产市场的风险积聚较为严重，以供给为主的政策调控效果不大。

（2）房价是银行信贷的原因，房价的变动会影响银行对房地产行业贷款占比的变动，两者之间的量化关系为三次函数。当房价低于 4817.45 元/m²时，在房价的低区间，房价与银行房地产信贷占比呈现负相关关系，房价的贷款效用为负。一旦房价高于 4817.45 元/m² 且低于 7346.278 元/m²，房价的升高会引起银行信贷占比的增加，且增长速度递增，意味着在房价的高区间，房价的升高对银行信贷占比的带动效应为加速效应。当房价位于 7346.278 元/m² 至 9586.399 元/m² 区间时，房价的升高依然会引起银行信贷占比的增加，但增长速度降低，意味着房价的升高对银行信贷占比带动的加速效应减缓。银行对房地产市场贷款的增加意味着对其他行业的投资降低，房地产市场的投资"挤出效应"明显。究其原因，在房价的低区间，不会形成房地产价格上升预期，房地产市场交易低迷，且多为刚性需求，此时的房地产行业对银行的诱惑不大，且低房价导致购房者的负债率较低，直接导致银行信贷较低。当房地产市场价格为高区间时，容易形成房地产价格上涨预期，投资需求旺盛，对银行信贷的需求量大，高收益的诱惑使得银行对房地产的信贷更为倾斜。一旦房价超过 9586.399 元/m²，随着房价的攀升，房地产贷款占比将出现下滑。房价越高泡沫越大，银行为避免风险积聚，将调整资产比例，降低房地产贷款占比，防范风险。

（3）银行对房地产贷款的占比过高，一旦房价出现持续大幅度的下降，会造成房地产市场对银行部门的信贷违约，银行部门的贷款已占总资产的 50% 以上，一旦房地产贷款遭受损失，将会使银行的资产风险增加。经测算，当银行部门的房地产贷款额损失 10%~20% 时，我国当前的金融体系将爆发系统性金融风险。结合上述房地产价格与银行信贷的关系，经换算得，对于目前的情况，当房地产市场的价格降低 31.2943% 时，银行违约距离为负，整个金融体系将爆发系统性金融风险。

根据上述结论具体的建议如下：

（1）改变投资驱动型的发展模式，进行产业结构调整，降低经济增长对房地产行业的依赖，加大发展实体经济力度，使各行业均衡发展。

（2）加快股票市场、债券市场和外汇市场等金融市场发展，股票市场、债券市场、外汇市场等金融市场的规范和发展，一定程度上能降低投资者对房地产行业的投资热情，抑制房地产价格泡沫的继续膨胀。

（3）拓宽房地产企业的融资方式，尽可能实现融资方式的分散化、多元化，进而实现行业风险的分散。

（4）制定相关政策，发挥政府的引导作用，规范房地产市场的运作，降低房地产市场的价格上涨预期，稳定房价并使房价保持在合适的水平，谨记政策不能收紧过度，预防房价的大幅下跌引发系统性金融风险。

第6章 债券市场与系统性金融风险

债券市场是发行和买卖债券的场所，债券市场的主要作用体现在两方面：第一，发挥资金融通的作用。债券市场作为金融市场的子市场，其基本的功能就是为企业和其他机构进行融资。第二，债券市场为政府货币政策的实施提供了场所。中央银行通过公开市场业务，在债券市场买卖债券，调节货币供应量和利率，达到对经济宏观调控的目的。这两个主要作用使得债券市场在我国金融市场建设和社会经济发展进程中具有举足轻重的地位。我国的债券市场共有4个子市场，其中银行间债券市场规模最大，约占整个债券市场的95%，债券市场的主要投资者是银行部门，银行对债券市场的投资作为银行资产的一部分，会受到债券市场价格波动及债券市场违约风险的影响，导致银行产生资产风险，进而影响系统性金融风险水平。

6.1 我国债券市场的系统性风险分析

债券是一种有价证券形式，具体指政府、企业或银行等为主体的债务人为了筹措所需资金，按照相关法律规定的程序向债权人发行，且保证在双方约定的指定日期偿还债权人的本金和利息。债券可以在流通市场上自由转让，与企业绩效没有直接联系，债券作为一种投融资工具，其收益高于银行存款，但低于股票等其他高收益的产品，风险相对较低，一直以来都被认为是收益稳定风险较低的产品。债券价格波动较小，信誉较高，债券市场风险较低，然而近年来却屡屡出现债券违约的现象，导致债券市场的风险加剧。

6.1.1 我国债券市场的发展状况

（1）我国债券市场的发展历史。

我国的债券市场起步较晚，发展过程颇为波折。1950年，为安定民生、恢复和发展经济，中央人民政府发行了人民胜利折实公债，这是新中国成立以来第一次发行债券。人民胜利折实公债是以实物为计算标准的公债，总发行额为 2.6 亿元人民币。1954 年及之后的两年，我国为了经济建设的需要，又发行了 5 次累计 39.35 亿元人民币的公债，之后的 20 年，我国经济发展较为动荡，这期间未再发行任何债券。直到 1981 年 1 月，随着《中华人民共和国国库券条例》颁布，财政部才又开始重新发行国债。1988 年前后，为应对各方面改革和建设的资金需求，政府除国库券外，还发行了 5 个品种的国债，且尝试银行柜台现券的场外交易模式，中国国债二级市场（柜台交易市场）也初步形成。1990 年 12 月，上海证券交易所成立，标志着场内交易市场的成立，在国内第一次出现了场内场外两个交易市场并存的格局。但场内场外交易市场并存的格局并未持续多久，后来由于国债"327"事件，国家在 1995 年 8 月停止了全部场外的债券市场，之后为了解决交易所市场发展产生的问题，中国人民银行在 1997 年 6 月通知所有商业银行将其在证券交易所下的国债、融资券和政策性金融债全部转在中央国债登记结算公司下，这标志着银行间债券市场的成立。之后作为场外债券市场的银行间债券市场发展迅猛，逐步发展成中国债券发行的首要场所，1999 年和 2000 年在银行间债券市场发行的国债和政策性金融债券分别占当年全国债券发行总量的 74% 和 62%。2002 年，我国债券市场体系基本确立，统一的、多层次的、以银行间市场为主的债券市场体系基本形成。具体表现为：第一，在交易主体层面，允许非金融机构法人和个人进入债券市场交易；第二，在市场统一性层面，国债可在多个市场发行流通，允许非银行金融机构参与场内外债券市场交易，打通了银行间债券市场和柜台债券市场。

（2）我国债券市场发展现状。

从 1981 年我国恢复债券发行到目前为止，经过将近 40 年的发展，沐浴着改革开放的春风，我国债券市场的规模迅速扩大，形成了一个相对较完善的市场体系，成为全球债券市场中不可或缺的一分子。

观察图 6.1（a）和图 6.1（b），我国债券市场前期发展较慢，发行量较小，自从 2010 年之后，发行量迅速升高，尤其是 2014 年至 2016 年，总发展速度几乎大于 200%，近两年增速有所下滑。截至 2010 年底，我国债券市场债券托管余额达 20.4 万亿元，跃居世界第五、亚洲第二。此后 8 年，我国债券市场快速发展，虽 2010—2013 年增长率为负，但从整个阶段来看，2010—2018 年，债券托管余额总涨幅为原来的 400%，截至 2018 年底，债券余额已超 85 万亿元。2019 年到 2020 年增长率又出现新高，2021 年我国债券市场总发行规模为 228381.97 亿元，整体规模不断攀升。

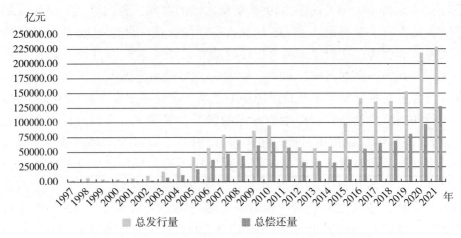

图 6.1（a）　1997—2021 年我国债券市场的总发行量和总偿还量

图 6.1（b）　1997—2021 年我国债券市场的总发行量增长率和总偿还量增长率

（资料来源：中国债券信息网）

债券发行品种也越来越丰富，主要有国债、地方政府债券、政策性银行债券、商业银行债券、非银行金融机构债券、政府支持机构债券、企业债券、资产支持证券、中期票据、外国债券和其他债券。其中以政府债券占比最高，2018 年占比为 56.38%，较上年降低 6.3%，其次为政策性银行债，占比为 25.12%，较上年上涨 7.26%，商业银行债券发行量较低，为 6.70%，较上年增长 6.28%，企业债券发行量更低，占比仅为 1.76%，较去年降低 35.35%。2021 年政府债券占比为 61.99%，较上年增高 5.18%，政策性银行债占比为 22.04%，较上年上涨 2.68%，商业银行债券发行量较低，为 8.64%，较上年增长 1.96%，企业债券发行量更低，占比仅为 1.92%，但较上年降低 11.18%。从上述各种债券的占比中可以看出，我国的债券市场发展不均衡，债券市场对企业的融资功能较弱，宏观调控功能较为突出。

债券发行期限结构多样，我国目前各类期限债券包括：1 年以下的短期债券，1~3 年、3~5 年、5~7 年、7~10 年的中期债券，10 年以上的长期债券。2018 年 1 年以下的债券占比较低，为 13.2%，1~10 年的中期债券占比最高，约为 81.9%，10 年以上的长期债券仅占 4.9%。随着时间的推移，我国债券期限结构发生一定的变化。2020 年 1 年以下的债券占比仍较低，为 13.97%，3~5 年债券占比 13.43%，较上年下降 7.88%，7~10 年的中期债券占比最高，约为 26.33%，10 年以上的长期债券占比 20.88%，较上年上涨 106.15%。以上数据说明我国的债券市场以发行中期债券为主，十年以上长期债券涨势较为明显。

我国债券市场主体不断丰富，发行方式、销售方式多样化，交易市场主要分为场内交易和场外交易，场内交易指在上海和深圳证券交易所内交易，场外有银行间交易市场、凭证式国债市场和商业银行柜台市场。其中凭证式国债市场交易量最少，银行间交易市场交易量最大，2018 年底及 2021 年底各个交易市场的债券托管占比见图 6.2（a）和图 6.2（b）。

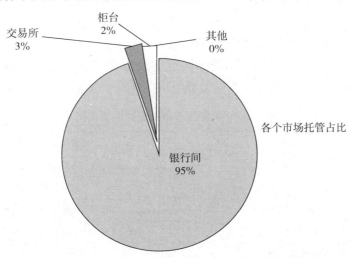

图 6.2（a）　2018 年底各个交易市场的债券托管占比

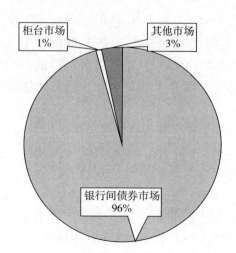

图 6.2（b） 2021 年底各个交易市场的债券托管占比
（资料来源：Wind 数据库）

观察图 6.2（a）和图 6.2（b），2018 年底，银行间的托管金额为 307600.4 亿元，占比为 94.854%，交易所的托管金额为 9342.71 亿元，占比为 2.881%，柜台的托管量为 7337.01 亿元，占比为 2.263%，其托管金额仅为 7.78 亿元，占比为 0.002%。2021 年底，银行间的托管金额为 834349.13 亿元，占比约为 96%，其他托管金额为 29676.00 亿元，占比约为 3%，柜台的托管量为 8015.73 亿元，占比约为 1%，我国债券市场以银行间市场为主。

对于中国债券市场的监管来说，不同种类债券的监管机构是不同的，不同交易市场的监管机构也不同，银行间债券市场和交易所债券市场分别受人民银行和证监会监管。不同债券对应的监管机构见表 6.1。

表 6.1 不同种类债券对应的监管机构

债券类别	监管机构
政府债券	财政部、人民银行、证监会
中央银行债券	人民银行
政策性银行债券	人民银行
商业银行债券（普通债）	银保监会、人民银行
商业银行债券（次级债）	银保监会、人民银行
特种金融债券	人民银行
非银行金融机构债券	人民银行

续表

债券类别	监管机构
证券公司债券	证监会、人民银行
证券公司短期融资债券	证监会、人民银行
短期融资债券	人民银行
资产支持证券	银保监会、人民银行
企业债券	国家发改委、人民银行、证监会
国际机构债券	国家发改委、财政部、人民银行、证监会
可转换债券	证监会
公司债券	证监会、人民银行

6.1.2　债券市场的系统性风险

债券市场风险具体体现在债券价格大幅变化和信用违约风险两方面。债券市场交易价格主要受供求关系和市场利率两方面的影响，当供给大于需求时，债券价格下降，相反债券价格上升。债券价格＝债券面值×（1+票面利率）／（1+市场利率），市场利率上涨，债券价格下跌，市场利率下跌，债券价格上涨。这种价格风险，只要持有到期满，风险就会消除，但债券市场中有一种风险却没办法通过时间稀释，当发行机构的信用出现问题无法及时回购债券时，我们称之为信用风险。债券市场的系统性风险可由整个债券市场的价格波动和债券市场整体的信用违约率来表示。

（1）债券信用评级。

目前一般采用信用评级的方式对债券市场信用违约风险进行测度，债券的信用评级是指按一定的指标体系对准备发行债券的还本付息的可靠程度发出公正客观的评定，是债券发行的必要环节。债券信用评级可帮助投资者进行债券投资决策，在一定程度上减少购买者购买债券所面临的违约风险，这是因为专业机构客观公正权威的评价会给投资者提供一个较为客观的参考结果，债券信用评级越高，风险越低；反之风险越大。国家财政发行的国库券和国家银行发行的金融债券，由于有政府的保障，因此不参加债券信用评级，地方政府或非国家银行金融机构发行的某些有价证券，则有必要进行评级。根据监管要求，面向投资者公开发行的公司债券且在上海和深圳证券交易所上市的，信用评级应达到 AA 级或以上，保险资金投资的非金融企业（公司）债券，其发行人应达到国内信用评级机构评定的

A 级或相当于 A 级以上的长期信用级别。近年来中国企业发行债券数量不断增加，债务违约数量也显著增加，但国内评级机构对大多数企业的评级仍然处于 AA 级到 AAA 级的高评级等级。造成这一结果的原因之一是公司债在交易所市场发行和交易，主要受证监会监管，非金融企业债务融资工具在银行间市场发行和交易，主要受央行监管、交易商协会自律管理等，国内评级监管存在的多头监管，监管制度不够细化，对评级机构责任边界不明确等问题给评级业务发展和行业监管都带来了难度。

（2）我国债券市场的系统性风险水平。

图 6.3 为我国债券市场价格波动情况，价格指数用中债全价指数表示，中国债券价格指数是全样本债券指数，是总指数，包括市场上所有具有可比性的符合指数编制标准的债券，可反映债券市场总的价格变动，姚玥悦等（2017）、王新宇（2018）等大部分学者在研究债券市场价格波动时均采用中债全价指数作为债券价格的指标。本次样本区间为 2002 年 4 月 1 日至 2022 年 9 月 5 日。

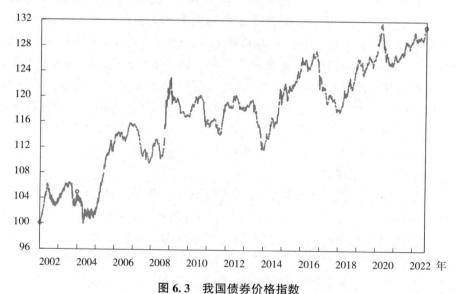

图 6.3　我国债券价格指数

（资料来源：Wind 数据库）

观察图 6.3，我国债券市场波动较为频繁，从 2002 年 4 月 1 日至 2022 年 9 月初，有 6 次大大小小的起伏，但从数值上来看，债券价格均位于 100%~132% 区间，最大值与最小值的差距约为 30%，波动幅度较小，波动相对较为平缓。从价格波动角度来看，我国债券市场的系统性风险较低。

债券价格的波动对于债券的违约影响不大，并非违约的主要影响因素，债券违约主要与发行主体的经营状况和偿付能力有关。

随着我国债券市场的日益繁荣，相对应的债券信用风险也逐步增大，其中 2008 年我国债券市场仅发生 1 次信用风险，2009 年和 2011 年信用风险发生次数小幅上涨至 2 次和 3 次，2012 年发生 7 次，2014 年中国债券市场的信用风险事件高达 13 次，且出现"11 超日债"等违约债券。2015 年之后，中国债券市场信用风险发生次数的增加更为明显，信用违约事件不断发生。图 6.4 为我国 2015—2021 年债券市场实际违约情况，考虑到 2014 年及之前债券违约事件较少，债券市场 2014 年之前系统性风险较小，从 2015 年以后才开始大量产生违约，因此统计数据从 2015 年开始。

图 6.4　2015—2021 年我国债券市场实际违约情况

（资料来源：Wind 数据库）

由图 6.4 可知，相比 2014 年，2015 年中国债券市场出现信用违约次数增长率为 169.23%，其中有 22 次信用风险事件演变成违约事件，中国债券市场不再具有"刚性兑付"的神话。中国债券市场在 2016 年共出现信用风险事件 56 次，实际违约额为 393.77 亿元，2017 年有 35 只债券发生了违约，违约金额为 337.49 亿元，2018 年违约债券达到 124 只，违约金额为 1205.61 亿元，约是 2017 年的 3.5 倍。其中在所有违约债券中，银行间违约债券共有 119 只，违约金额为 1127.93 亿元，交易所违约债券共有 109 只，违约金额为 736.41 亿元。2019 年债券违约达到 251 只，违约金额 2004.76 亿元。2020 年违约次数下降为 238 只，但违约金额为 2559.54 亿元。2021 年违约个数为 262 只，违约金额为 2720.45 亿元。近两年违约次数及金额增长较为平缓。图 6.5 为我国债券市场的违约率与违约率的增长率，违约率通过计算总违约债券的金额/总债券存量余额获得。

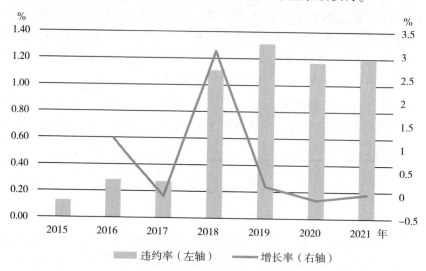

图 6.5　2015—2021 年我国债券市场债券违约率及其增长率

（资料来源：Wind 数据库）

　　观察图 6.5，左坐标轴为债券市场的违约率，右坐标轴为债券违约率的增长率，2015 年的违约率为 0.024%，2018 年的违约率为 0.141%，从目前看，我国债券市场的总违约风险较小，债券市场的安全性较高。但从趋势上来观测，除了 2017 年有所下滑外，整体违约趋势为增长趋势，2018 年较去年的违约率涨幅为 211.15%，4 年的总涨幅为 486.67%，增长速度非常迅速，2019—2021 年，增长速度较为平缓，但仍为正，2021 年为上升趋势。考虑到中国债券市场未来要面临美联储加息等外部因素和中国经济增速下降等内部因素冲击，会导致债券市场的系统性风险进一步暴露和加大，需引起相关部门的注意。

　　在所有发生信用违约的债券中，政府债券有国家信用做担保，一般不会违约，占比最多的是公司和企业债券。发生债券违约的主要原因在于发行债券主体经营状况不好，导致偿债能力不足。从 2014 年至 2018 年底，地方国有企业发行的债券违约 37 只，中央国有企业债券违约 20 只，民营企业债券违约 150 只，上市公司债券 62 只，中外合资及其他企业债券违约 49 只，民营企业债券违约率最高。2021 年，受益于前期低资质主体的逐步出清及债券展期的风险缓释，债券市场违约情况有所缓和，全年新增公募债券违约主体 24 家，较 2020 年减少 4 家，公募债券违约金额为 1705.59 亿元，较 2020 年微降。从时间分布看，全年债券违约规模呈现先高后低趋势，受海航系企业破产重整影响，第一季度违约规模为全年最高，违约规模是全年违约规模的一半以上；从债券品类看，2021 年违约债券仍以公司债、私募债居多，两者合计占比约 62%，其次为中期票据，占比约为 24%；从违约主体企业性质看，均是民营企业；从违约主体行业分布看，2021 年违约主体的行业分布特征显著，主要集中于航空及房地产行业。

6.2　债券市场风险向系统性金融风险的传导机制

债券市场风险向系统性金融风险的传染渠道为：债券市场的 4 个子市场中，银行间债券市场为债券市场主要市场，银行间债券交易市场中，银行是债券市场的主要投资者，银行对债券的投资是银行资产的一部分，债券市场价格的波动及债券市场的违约会造成银行资产的损失，影响系统性金融风险水平。

6.2.1　债券市场商业银行托管分析

我国债券市场 4 个子市场中，银行间债券交易市场规模最大，是债券市场的主要交易市场，图 6.6 为债券托管总量与商业银行托管总量及占比分析图，数据区间为 1997—2021 年的数据。

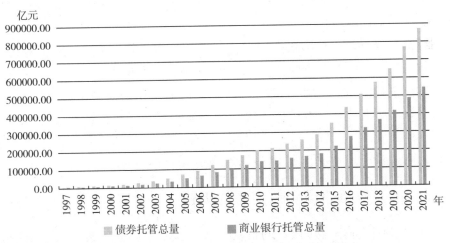

图 6.6（a）　债券托管总量与商业银行托管总量

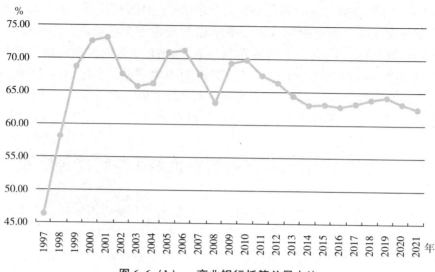

图 6.6（b）　商业银行托管总量占比

（资料来源：Wind 数据库）

观察图 6.6（a）和图 6.6（b），我国债券总托管量和商业银行总托管量呈增长趋势，2005 年之前数量较少，2005 年之后，规模持续增大，2014年之后增速加快。商业银行托管量占比从 1997 年场外市场的建立后持续升高，一直到 2001 年，超过 70%，之后出现缓慢下滑，2008 年出现轻微转折，除了 1997 年低于 60%外，其他的时间均高于 60%。商业银行托管量占比大部分时间都较为平稳，一般在 60%~75%之间波动。根据数据分析可以看出，银行机构是银行间债券市场的投资主体，债券市场的价格波动及债券市场的违约会对银行机构产生直接冲击。具体来看，在银行间债券市场内，银行机构一般充当"中介"，受发行者委托对外推出债券，同时协调投资者购买债券的资金，银行机构持有债券的信用违约风险由其自身承担，而且通过非法人持有债券的信用风险也不能直接转接给投资者（由于刚性兑付等原因）。总的来说，银行间债券市场融资模式一般都是通过银行机构进行的间接融资，债券市场风险主要汇集在银行体系内部。

6.2.2　价格渠道和信用违约渠道

五大国有商业银行对债券的投资主要以持有至到期投资和可供出售的金融资产为主，其中持有到期投资包括政府和中央银行发行的债券、政策性银行债券、企业债券及其他类型的债券，主要为长期投资，可供出售的金融资产包括持有的债券及股权投资，目的为短期获益。五大银行债券投资占资产的比率见图 6.7，银行债券投资额占资产的比率＝（持有至到期投资＋可供出售的金融资产－股权投资）/银行总资产。

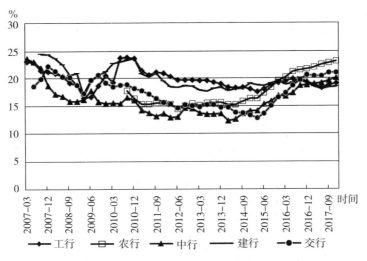

图 6.7　五大银行债券投资额占资产的比率

（数据来源：Wind 数据库）

观察图 6.7，五大银行债券投资占比从 2007 年初期至 2014 年末呈缓慢下降的趋势，从最初的 25%左右一直下降到 13%左右，2015 年初出现拐点，之后经过 3 年时间迅速超过 20%，目前预测未来的趋势为上升趋势。债券资产流动性较高，风险相对较小，在贷款监管趋严的条件下和商业银行之间竞争日趋激烈的环境下，商业银行考虑到资金的安全与效益，纷纷加大对债券市场的资产配置。商业银行开展债券投资业务丰富收入来源方式的同时，也通过业务的关联增大了债券市场向银行风险的溢出，主要渠道有债券价格渠道和信用违约渠道。

价格渠道指债券市场的价格波动会导致银行的资产发生变化，影响银行的风险水平。引起债券价格变动的主要原因有两个：一是市场利率，二是债券供求关系。债券价格与市场利率成反向变动关系，市场利率上升，债券价格下跌；反之则上升。债券供求是引起债券价格变动的另一个因素，当供不应求时价格上升，供过于求时价格下跌。债券市场的价格波动可通过多个方面改变银行的资产配置，当债券市场价格比较高时，会吸引银行加大债券资产的投资；反之将增大其他资产的投资，银行资产配置的变化导致银行风险水平发生变化。另外，债券市场价格的波动导致银行原有的债券资产发生变化，当债券价格下降时，将导致债券资产的损失，从而加大银行风险水平。

信用违约渠道指债券市场的违约事件导致银行资产损失，增大银行的风险水平。信用违约意味着债券发行人无法在指定时间内还本付息，银行作为债券市场主要的债权人，债券信用违约直接导致银行债券资产的损失，加大系统性金融风险水平。随着我国债券市场交易规模的迅速扩大，债券违约事件逐渐增多，且考虑到未来国内外环境的冲击，预测未来发生信用违约的可能性增大。目前，我国银行债券资产占总资产的比率很高，一旦债券资产风险增大，必然会导致系统性金融风险水平升高。

6.3 债券市场系统性风险与系统性金融风险的实证分析

分析债券市场系统性风险对系统性金融风险的影响时，可从债券价格波动和债券市场违约风险两个层面来分析。从债券市场违约风险层面对系统性金融风险分析时，仅考虑银行的债券资产损失，不够全面。而债券市场价格波动会通过多个方面影响银行的风险水平，分析债券价格波动对银行风险水平的影响可视为从总体上分析债券市场对系统性金融风险的影响，本部分从债券价格波动层面入手分析债券市场对系统性金融风险的影响。债券价格指数记为 L，用中债总指数表示，图 6.8 为 L 与 DD_{min} 的折线图。

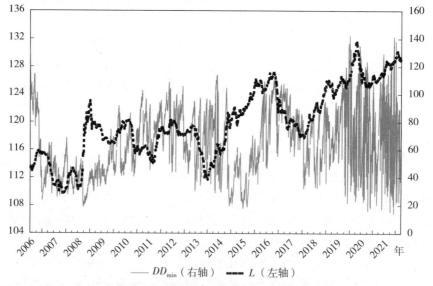

图 6.8　债券价格指数 L 与 DD_{min} 折线图

　　观察图 6.8，L 与 DD_{min} 关系并不明确，有些波段表现为正相关，有些波段表现为负相关，且正负相关的程度也不十分明确，L 与 DD_{min} 无法建立确切的关系。进一步考虑 L 的波动与 DD_{min} 的关系。L 的波动用债券价格指数的对数收益率标准差表示，记为 σ_L，与股票市场价格波动率类似，σ_L 采用 $GARCH(1, 1)$ 模型进行估计。σ_L 与 DD_{min} 的散点图见图 6.9。

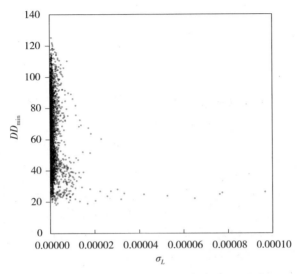

图 6.9　σ_L 与 DD_{min} 的散点图

　　观察图 6.9，σ_L 与 DD_{min} 关系似乎为负相关关系，然而关系并不明确，为避免由于选取债券价格指标所导致，本书又尝试了中证全价格指数，结果与中债全价格指数相同，与 DD_{min} 的关系不明确。考虑不同类型的债券或许对系统性金融风险的影响不同，进一步将债券进行分类，按发行主体分类，分别采用国债全价格指数、地方政府债全价格指数、金融债全价格指数、企业和公司债价格指数；按期限进行分类，分别为 1~3 年期债券价格指数、3~5 年期债券价格指数、5~7 年期债券价格指数、7~10 年期债券价格指数、10 年期以上债券价格指数。尝试用以上不同类型的债券价格指数与 DD_{min} 建立关系，结果没有得到任何明确的结果，由此可得债券市场对系统性金融风险的影响并不确切，或者可认为债券市场对系统性金融风险没有影响。究其原因，从银行债券投资结构入手分析，银行持有的债券包括政府债券、公共实体及准政府债券、政策性银行债券、金融债券、企业债券和公司债券等其他债券，其中政府债券和政策性银行债券占总债券投资的 90% 左右，公司和企业债券投资仅占银行债券总投资额的不到 5%。政府债券和政策性银行债券有国家的信用做保障，主要用于宏观经济的调控，安全程度很高，有信用风险债券的皆为公司债券和企业债券，这部分占比很小。我国债券市场的价格波动本身较为平稳，即便波动较为剧烈，有政府信用作担保的债券仍然很安全，由此得出，债券市场对系统性金融风险的影响并不显著。

6.4 本章小结

债券市场作为金融市场的重要组成部分，除了作为资金融通的场所外，也是国家实施公开业务操作的重要场所。当经济出现过热时，中央银行在债券市场卖出债券回收市场中流动的过量货币，从而减少市场中货币供应量，抑制经济过热；同理，当经济出现萧条时，中央银行通过债券市场买入债券向市场释放一定数量货币，从而增加市场中货币供应量，刺激经济增长。我国债券市场起步晚、发展缓慢，但经过几十年的发展规范，市场规模有了质的飞跃，但目前由于市场制度及监管不到位等一系列的问题导致债券市场违约严重。债券市场主要的投资者为银行，债券市场的价格波动和违约风险会加大银行的违约概率，增加系统性金融风险。通过实际数据的分析得出的具体如下结论。

（1）我国债券市场市场化程度不高，债券市场对银行部门的依赖过高。我国的债券市场是一个以银行间债券市场为主，交易所等交易市场为辅的债券市场。交易所主要以竞价方式进行交易，银行间债券市场主要以询价方式进行交易，市场化程度不高。目前债券市场的主要投资者为银行，银行投资债券占总资产的比例过高，且这一比率还在不断持续上升。

（2）我国债券市场发展不均衡，融资功能不突出。目前我国债券市场发行的债券以国债、政策性金融债和央行票据为主，以商业信用为基础的企业和公司债券发展还相当滞后，占整个债券存量的比例不到5%，不利于企业融资渠道的畅通，影响资源配置效率。

（3）债券市场监管长期处于分割状态，两大市场受不同部门监管，各方对债券风险的判断不一致，这种不一致容易产生监管和评级上的套利空间，导致我国债券市场屡次出现违约情况。我国债券市场的信用评级虚高是普遍现象。国内评级机构长期存在质量控制不严，作业流程管理不到位等方面的问题，具体有信息披露欠缺，跟踪力度不足，评级报告质量监督和审核不到位，评级模型计算过程缺乏明确规则等问题。

（4）我国债券市场价格波动较为平缓，虽信用违约事件增加，但整体上风险可控。债券市场对系统性金融风险的影响作用不显著，或者可以认为系统性金融风险水平与债券市场无关。

根据上述结论具体建议如下：

（1）加大债券市场的市场化改革。改变"重股轻债"思维，加快债券市场的市场化改革，在有效的监管下，让市场自我运作，处理好政府和市场之间的关系，发挥市场优化资源配置的优势，降低债券市场风险防范的行政色彩，发挥市场在风险防范方面的作用。

（2）深入开发债券市场的融资功能。债券市场作为金融市场的一部分，融资功能是其基本功能，对债券市场进行结构性调整，增加公司债券和企业债券的发放，切实发挥好其资金融资的功能。

（3）加强对信用评级行业统一监管，银行间债券市场和交易所债券市场同时开展业务的信用评级机构应当统一评级标准，并保持评级结果的一致性和可比性。解决评级机构付费模式与利益冲突矛盾问题，确保债券评级的客观性、公正性和及时性。

第7章 外汇市场与系统性金融风险

随着全球经济金融一体化进程的不断加快，外汇市场的地位越来越重要，外汇市场通过国际贸易结算和国际间资本流动等方式促进了全球资源的优化配置，将各国金融市场紧密地联系在一起，但同时也为风险在全球范围内的传递开辟了渠道。外汇市场的主要参与者是各国银行，外汇市场的汇率波动影响银行的外汇资产，产生外汇资产风险。汇率的波动不只造成外汇资产的风险，同时也会导致外汇负债的变化，一旦外汇净资产不为0，即外汇资产与外汇负债之间结构不平衡产生外汇敞口，银行将会产生汇率风险，分析外汇市场对系统性金融风险的影响主要考虑外汇净资产的汇兑损益，即外汇敞口受汇率的变动而产生的损益。另外，汇率的变动也会造成利率的变化，间接通过利率渠道影响银行的系统性风险水平。

7.1 我国外汇市场的系统性风险分析

外汇市场的风险主要体现为汇率的波动，汇率的波动受许多因素的影响，汇率的决定理论主要研究汇率受哪些因素的影响。汇率制度是指国家管理汇率的方式和原则，一般来说，又可以分为固定汇率制度和浮动汇率制度。自从20世纪70年代布雷顿森林体系崩溃，建立牙买加世界货币体系后，汇率制度的选择成为世界各国关注的重点，大多数国家选择了浮动汇率制度，汇率波动成为常态。我国目前的汇率制度是以市场供求为基础、参考一篮子货币进行调节和管理的浮动汇率制度，汇率改革之后汇率的弹性增强，外汇市场系统性风险增大。

7.1.1 汇率的决定理论与汇率制度

（1）汇率的决定理论。

汇率理论的发展离不开货币制度的演变，货币制度的演变大体上经历了金本位、金汇兑本位和纸币本位制度，在货币制度的演变过程中汇率波动成为常态，汇率的不稳定对世界贸易和投资的影响日益加深，如果能够找出影响汇率变动的因素，预测未来汇率的走势，对各国及时有效地避免汇率风险具有非常重大的意义，许多经济金融学家对汇率决定理论进行了广泛的研究。随着经济形势和西方经济学理论的发展，汇率决定理论也在不断地发展和完善，到目前为止，汇率决定理论主要有五大学说，分别为国际借贷学说、购买力平价学说、利率平价学说、国际收支学说和资产市场学说（又分为货币分析法与资产组合分析法），汇率的决定理论为一国货币局制定汇率政策提供了理论依据。

国际借贷学说主要发展于金本位制时期，英国学者 G. I. Goschen 提出了国际借贷学说的概念，他认为国际市场存在的借贷关系导致了外汇供求的变动，外汇市场的供求关系又决定了汇率的波动。基于这一思想，他将国际借贷划分为固定借贷（仅形成借贷关系但并未完成实际交易）和流动借贷（双方已经完成交易），很显然，影响外汇供求变动的是流动借贷，并非固定借贷。然而，该理论没有深入讨论影响外汇供求变动的具体因素。

购买力平价学说发展于金本位制的崩溃时期，当时国际货币市场混乱，汇率体系波动异常，国际借贷学说已不适用于当时的环境。因此，瑞典学者 Cassel 提出了购买力平价学说。其核心思想在于，货币所具有的实际购买力决定了货币之间的兑换率，当货币购买力发生变化，汇率也会发生相应的变动，具体又分为绝对购买力平价学说和相对购买力平价学说。

利率平价学说是凯恩斯基于利率波动对汇率升降的影响提出的，他认为利率的走势不仅会影响汇率的变动，而且这一波动趋势会随着时间的推移发生改变，即利率对即期汇率和远期汇率的影响是不同的。原因在于，投资者会利用国家之间的利率差异进行套利活动，获取额外收益，这就会使远期汇率保持在某种恒定的水平上。利率平价又分为套补的利率平价和非套补的利率平价。

国际收支学说是在布雷顿森林体系确立了固定汇率制度之后发展起来的，布雷顿森林体系与规定汇率制度的矛盾性促进了国际收支学说的发展，该学说通过分析一系列对国际收支的影响指标（国民收入、物价水平、利率、汇率等），进一步研究了国际收支对汇率变动的影响。最终发现，在诸多因素的共同作用之下，汇率可以维持在某一特定水平或区间，从而实现国际收支的平衡。

资产市场学说兴起于布雷顿森林体系的崩溃时期，当时各国纷纷实行浮动汇率制度，该学说成为汇率理论的主流。资产市场学说的核心思想是汇率在某种程度上可以看作与其他资产别无二致的特殊资本，同样受到供求关系的约束，资本流动性的强弱影响着汇率的变动。

（2）汇率制度。

汇率制度系统性的规定了国际市场确立、调控与管理汇率的方式和原则，按照汇率浮动的程度分为固定汇率制和浮动汇率制。在最初的金本位制下，国家间实行固定汇率制度，随着战争的爆发，货币体系混乱，美国通过布雷顿森林会议确立了以美元为核心的固定汇率制度，之后由于美元的泛滥使得汇率难以维持在某一特定水平，各国纷纷放弃固定汇率，转而开始实行浮动汇率制度。

固定汇率制度是"二战"后较长时期实行的一种汇率制度，主要指汇率不随着市场的供求变化而变化，汇率波动保持在一定的幅度范围内，超过规定的上下限，中央银行有义务进行干预。按照时间的先后，有金本位固定汇率制度和布雷顿森林体系汇率制度，金本位固定汇率制度是所有国家货币与黄金挂钩的汇率制度，布雷顿森林体系固定汇率制度指美元与黄金挂钩，其他货币与美元挂钩。

浮动汇率制度是在美元大幅度贬值后，固定汇率无法继续维持的情况下，多数西方国家实行的一种汇率制度。浮动汇率制度的核心在于，汇率的变动取决于外汇市场上供求关系的变化，不再受到政府的干预与管辖。然而在现实经济中，政府或多或少都会通过直接或间接的方式对汇率加以调节，这种情况称之为管理浮动汇率制度。

汇率的分类并非单纯分为固定汇率和浮动汇率，介于两者之间的还有很多，通过梳理现有文献可以发现，对汇率制度的分类有很多，目前较为突出的分类法有 IMF 的 7 种分类，GGOW 的三分法和九分法等。一个国家如何选择适合自己的汇率制度，根据 IMF 在 1997 年 5 月《世界经济展望》所做的分析，在选择汇率制度时，应考虑经济规模与开放程度、通货膨胀率、劳动力市场弹性、金融市场发育程度、政策制定者的可信度和资本流动性等因素。

7.1.2　我国汇率市场的发展及汇率制度

改革开放前，我国外汇管理体制的核心思想是统收统支、高度集中，此时，经济基础薄弱，尚不具备建立外汇市场的资金力量。改革开放后，我国经济飞速发展，开始实行外汇留成管理制度，党的十三届三中全会之后，我国取消双重汇率制，转而实行以外汇市场供求为基础的集单一性与管理性于一体的浮动汇率制度。同年，开始办理银行结汇、售汇业务，逐步形成全国统一的、职责分明的、以电子化交易为基础的银行间同业拆借市场，即中国外汇交易中心。2005 年汇率改革，我国取消盯住美元单一货币的汇率政策，开始实行以市场供求为基础、参考一篮子货币进行调节和管理的浮动汇率制度，这也标志着我国外汇市场正式形成。2015 年 8 月，央行开始实行新一轮的汇率改革，完善人民币汇率中间价报价，这意味着人民币汇率将相当程度上与美元脱钩，汇率决定的市场化程度提高。随后一年，人民币正式加入 IMF 和 SDR 货币篮子，这意味着我国资本账户的进一步开放和金融改革的深化。2018 年以来，人民币多次贬值，尤其是近两年受疫情、美国加息等多种因素的影响，人民币贬值迅速，人民币汇率突破 7 关口，汇率上涨的压力持续升高。

我国外汇市场作为金融市场体系的重要组成部分，经过多年来的不断发展，形成了较完善的与市场经济体系相适应的体制，在宏观调控、资源配置和风险管理等方面发挥着巨大的作用。目前，我国外汇市场的主要特征如下。

（1）以银行间的外汇市场为中心。我国外汇市场主要包括两个层面，第一层面是客户与银行之间的结售汇市场，该市场的业务比较零散；第二层面是银行间的外汇批发市场，各大银行需要通过同业拆借中心实现外汇的周转和平衡，以满足第一层面的客户市场需求。根据 2018 年 12 月的数据，中国外汇市场总成交量为 21.02 万亿元，其中银行间市场成交 18.56 万亿元人民币，占比为 88.3%。2022 年 7 月，中国外汇市场总计成交 21.39万亿元人民币。其中，银行对客户市场成交 3.29 万亿元人民币，银行间市场成交 18.10 万亿元人民币，占比为 84.62%。2022 年 1—7 月，中国外汇市场累计成交 132.46 万亿元人民币。从市场规模来看，我国外汇市场以银行间的外汇市场为主。

（2）我国银行间外汇市场的交易种类较多，涉及美元、欧元、英镑及日元等多个币种。2018 年 12 月底，美元占比为 78%，其次为欧元，占比为14%，日元和英镑占比分别为 1%，其他外币占比为 6%，见图 7.1（a）。到2022 年 8 月底，我国外汇市场和许多国家如加拿大、澳大利亚的外币交易量增多，但大体占比没有变，仍以美元兑人民币为主，美元占比持续上升，占交易额的 96%，欧元占比为 2%，见图 7.1（b）。无论是即期市场还是远期市场，绝大部分外汇业务都是美元兑人民币交易，非美元交易占比很少，在非美元交易业务中，又以 USD/HKD 及 EUR/USD 占比相对较多。

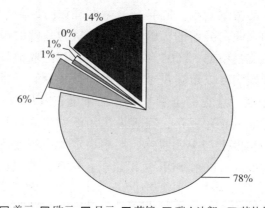

图 7.1 （a） 2018 年 12 月底我国外汇市场外币交易占比

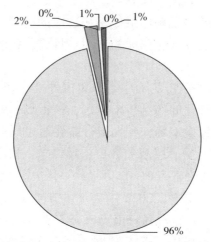

图 7.1 （b） 2022 年 8 月底我国外汇市场外币交易占比

（资料来源：中国外汇管理局）

7.1.3 外汇市场的系统性风险

外汇市场的系统性风险主要体现为汇率波动，我国自 2005 年 7 月 11 日进行汇率制度改革后，汇率制度摆脱之前盯住单一美元的制度，实行以市场供求为基础、参考一篮子货币进行调节、有管理的浮动汇率制度。汇率改革之后，为了反映我国人民币汇率的综合变动，编制反映人民币汇率的综合指数被提上日程。2015 年 12 月 11 日，中国外汇交易中心发布了人民币汇率指数（CFETS），同时公布的还有参考 BIS 货币篮子和参考 SDR 货币篮子的人民币汇率指数，具体数值见图7.2。

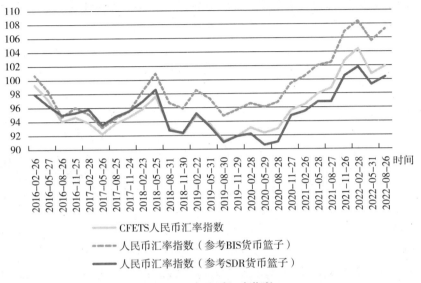

图 7.2 人民币汇率指数

（资料来源：Wind 数据库）

观察图 7.2，三大人民币汇率指数的变动趋势一致，2017 年中之前一直呈下降趋势，之后出现上升，2018 年波动较为剧烈，2019 年呈下降趋势，但波动较小，2020 年初到 2022 年初则呈明显上升趋势，上升速度快，数值波动较大，在 2022 年初达到目前数据最高值，之后整体呈下降趋势。三种指数选择的货币篮子和每种货币赋予的权重不同，这就使得在某些具体的小波段，三种指数的波动表现出一定的差距，但总体来看差距较小。目前对于以哪种汇率指数为我国汇率变动的主要参考争议较多，何青等（2018）利用 SVAR 模型、OLS 回归和基于利率平价的无套利模型三种方法对 CFETS 人民币汇率指数及参考 BIS 货币篮子和 SDR 货币篮子计算的人民币汇率指数有效性进行定量分析，研究结果表明，在现阶段，参考 SDR 货币篮子的汇率指数对于引导人民币汇率预期，缩小人民币离岸在岸价差及维护金融稳定有着更加明显的作用，主要原因在于 SDR 货币篮子的汇率指数在计算过程中较多地考虑了美元兑人民币的汇率。结合何青等的研究结论与上述我国外汇市场的结构分析，我国目前虽是参考一篮子货币汇率制度，但由于美元占比过大，实际上与盯住单一美元的汇率制度差别不大，所以本书计算外汇市场的风险时主要考虑美元兑人民币的汇率，选择美元兑人民币的中间价格波动作为我国外汇市场系统性风险的代表。图 7.3 为美元兑人民币的中间价格（记为 e）和 e 的波动，其中 e 的波动用 e 的对数收益率的标准差表示，具体计算方法与股票市场类似，采用 GARCH（1，1）模型计算，记为 σ_e，样本区间为 2006 年 7 月 5 日至 2022 年 9 月 8 日。

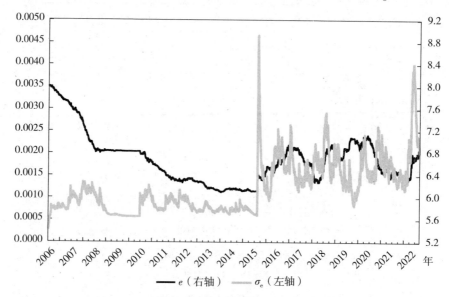

图 7.3　美元兑人民币的中间价格（e）和 e 的波动

（资料来源：Wind 数据库）

　　观察图 7.3，在样本区间内，美元兑人民币的汇率前期呈现下降趋势，汇率一直从将近 8 跌到 6.1 左右，人民币在这段时间内一直升值，直到 2015 年 8 月 11 日突然出现转折，汇率开始上升，之后到 2017 年初开始下降，2018 年底约位于 6.9，之后出现几次幅度较小的波动。2020 年 3 月，汇率突破 7，并于 5 月底一度达到 7.13，之后出现迅速下降，忽略中间的小波动，2022 年 3 月中旬，到达此次波动的底端 6.34，之后汇率一度上升，已突破 7.1 关口，人民币贬值的压力增大。影响美元兑人民币汇率的因素是多方面的，包括国际贸易、美元的强势与否、经济的发展及国际局势等因素，这里不再多做阐述。2015 年 8 月 11 日之前，我国汇率波动不大，外汇市场系统性风险较低，之后汇率发生转折，汇率波动突然增大，外汇市场系统性风险升高。

7.2　外汇市场风险向系统性风险的传导机制

我国汇率市场主要表现为银行间汇率市场，外汇交易主体为银行，外汇市场风险的主要承载体为银行业，外汇市场主要通过汇率风险对银行的各种外汇业务产生影响。

7.2.1　汇率风险

1973 年，布雷顿森林固定汇率体系崩溃，控制在一定波动范围的固定汇率制随之解体，目前浮动汇率制是各国普遍采用的汇率制度。汇率受很多因素的影响，但归根结底，汇率与一国的货币需求紧密相连，货币的价格由货币市场中的供给与需求自由形成，必然会产生货币贬值或升值，从而影响汇率的变化。随着全球一体化程度的加深，国际间的合作与贸易不断增加，外汇处在不断波动之中，正是这种汇率的变动导致国际间债权债务的决算事先难以掌握，从而产生了汇率风险和汇兑成本。外汇风险是指汇率的变化给交易人带来的损失，一般将外汇风险分为三类：交易风险、折算风险和经济风险。

交易风险又称交易结算风险，是指在用外币进行国际贸易结算或国际间偿还债务时，由于结算时间和贸易交易时间不同及借债时间和还债时间不同，其间外汇汇率发生变动，从而蒙受损失的可能性。主要表现在以下几个方面，第一，商品进出口后到结算收入外汇往往有一段时间，在这段时间内，如果外汇发生变化，则会产生外汇交易风险；第二，对外举债或借债给其他国家，在债务或债券未结清之前，因汇率变动而引起的损失；第三，在外汇交易中，银行的外汇资产与外汇负债不匹配，汇率的变动有可能使银行蒙受损失。

折算风险又称为会计风险，是指跨国公司或其他的经济体在进行会计结算时涉及国外的公司（国外的公司资产与负债一般采用外币计价），在编制总公司报表时需将国外公司的财务数据折合成以本币计价的数据。由于会计结算一般是以年或季度为时间节点，所以交易时间与汇总结算时间不同，如果这一阶段汇率发生变化，则会造成折算风险。风险的大小与折算方式有一定的关系，历史上西方各国曾先后出现过流动/非流动折算法、货币/非货币折算法、时态法和现行汇率法 4 种折算方法。其中现行汇率法已成为美国公认的会计习惯做法，并逐渐为西方其他各国所采纳。

经济风险又称经营风险，是指由于汇率的波动对公司或企业未来收益的影响，又称潜在的风险，是从公司或企业的生产流程角度来看的。例如，前期从国外购买的企业原始材料，在销售阶段由于汇率的变化导致成本和售价发生变化，进而影响未来的收益。

7.2.2 汇率风险对商业银行的影响

（1）对商业银行表内业务的影响。

商业银行的外汇资产包括外汇现金、外汇投资、外汇贷款及外汇同业拆借等，外汇负债包括外汇存款、交易性外汇负债及外汇同业拆放等，汇率发生变化不只影响银行原有的外汇资产和负债存量变动，还会增加新的外汇资产和负债。商业银行外汇资产和外汇负债最主要的组成部分是外汇贷款与外汇存款，当外汇资产与外汇负债不匹配，产生外汇敞口时，汇率的波动就会造成外汇风险。例如，当外汇净资产为正时，汇率下降，或者外汇净资产为负时，汇率上升都会使得银行遭受资产的损失，加大商业银行的风险水平。中国汇率改革之后增强了人民币汇率的弹性，人民币升值和贬值的幅度增加，进而增大了商业银行的表内外汇业务所面临的风险。

（2）对商业银行结售汇业务等中间业务的影响。

在我国外汇市场发展前期，国家汇率管制较为严格，实行盯住美元的单一的汇率制度，汇率较为平稳，波幅不大，商业银行面临的外汇风险较小。随着全球一体化的推进，国际间的贸易越来越频繁，国际之间的业务结算几乎都通过银行进行，结售汇业务是商业银行的主要外汇业务，通过结售汇业务，银行从中赚取汇率点差，获得收益。随着我国汇率制度的改革，人民币汇率波动增大，面临的外汇结算风险增大。针对美元的结售汇业务是我国商业银行的主要结售汇业务，美元兑人民币汇率的弹性增大，意味着对商业银行的结售汇业务影响增大。从头寸方面来看，即期和远期结售汇敞口头寸就是我国商业银行直接受险的部分，保留了较大的即期、远期结售汇敞口头寸的银行遭受风险的可能性较大。

（3）对商业银行资本充足率的影响。

商业银行的外汇资本金主要来源于财政部的外汇资金投入，还可通过境外交易所上市及境外投资者认购的外汇股权资本进行资金的筹集和融通，人民币升值带来的净汇兑损失导致折算成人民币的实际金额降低，从而降低了银行的资本充足率。尤其当汇率发生剧烈波动时，对资本充足率的影响更加难以预测。因此，商业银行想要维持一定的资本充足率，就必须加强外汇风险的管理和度量，防止出现汇率风险。

除上述影响外，汇率的波动还会影响商业银行授信业务、商业银行每日结售汇平盘收益等。在世界经济一体化的今天，国际之间的交易日益密切，国际资本市场融资业务竞争十分激烈，在跨国交易过程中，无论开展何种业务，都会面临币种不统一、存贷数量及时间不一致的问题，因此，商业银行常常面临着较大的外汇风险敞口。这就要求银行必须选择合适的套期保值工具，对冲风险，以求最大限度地避免汇率风险，降低资产损失。

7.3　外汇市场系统性风险与系统性金融风险的实证分析

汇率风险是银行面临的重要风险，在一些极端情况下，巨额的外汇资产损失会引发银行危机，国际上此类案例并不少见。20 世纪 70 年代至 80 年代，美国富兰国民银行和瑞士联合银行双双遭受了巨大的外汇损失，21 世纪初，日本银行业由于汇率波动引发了西川银行等银行的破产。近年来，随着中国国际地位的提高，参与国际间的交易活动日益频繁，银行融资活动和业务活动逐渐与国际接轨，由于缺乏相应的外汇套期保值工具，使我国银行面临较大的外汇风险。

7.3.1　银行汇率风险的测算方法

目前，各个学者对银行外汇的测算方法主要有两种，一种是资本市场法，另一种是外汇敞口法。

（1）资本市场法。

资本市场法主要通过分析银行股票回报率对汇率波动的敏感性来衡量外汇风险暴露程度对商业银行造成的外汇风险，这方面所有研究的根本都是基于以下资产定价模型，只是在此基础上稍做修改。

$$R_{it} - RF_t = \alpha_i + \beta_i^m (R_{mt} - RF_t) + \beta_i^D D_t + \beta_i^E E_t + u_{it} \qquad (7.1)$$

其中，R_{nt} 为第 i 家银行股票 t 时期的收益率，RF_t 为 t 时期的无风险收益率，$R_{mt} - RF_t$ 为市场组合的超额收益率，D_t 为无风险债券收益率变化，E_t 为汇率的变化，α 和 β 为常数项和相应的系数。资本市场法计算较简单，但其测算是否有效依赖于股票市场是否能完全反映外汇市场的波动，另外，银行股票的市场波动并不能代表银行的风险，所以目前这种方法大多用于国外，国内应用较少。

（2）外汇敞口法。

随着商业银行的外汇交易业务越发繁多，在外汇市场交易活动中，一旦外汇资产与外汇负债不相等，就形成了外汇敞口。外汇敞口的存在意味着一旦汇率剧烈变动，特别是朝着不利于商业银行的方向变动时，银行将面临承担巨额外汇损失的可能。外汇敞口法是指通过计算银行外汇敞口的汇兑损益来测算银行的外汇风险，对于商业银行外汇敞口头寸的计量，通常包含四种方法：外汇总敞口法、净外汇总敞口法、外汇总短敞口及加权外汇总敞口法。这四种方法中，加权汇总敞口法考虑了各种货币之间的相关性，识别衡量的结果与真实汇率风险误差也相对较小，是比较准确地识别衡量商业银行汇率风险的有效工具，缺点是需要知道银行外汇资产组合中各头寸所占的比例，通常这些数据都较难取得。相对于资本市场法，外汇敞口法计算起来较为复杂，但对银行的外汇风险测算最为直接，目前净汇总敞口法用得较多。

（3）*VaR* 方法。

所谓在险价值法，是指在给定时间范围与置信区间的情况下，计算汇率变动所引起的最大可能持仓亏损量，目前五大银行都采用在险价值法来测算银行的汇率风险。银行通常采用历史模拟法，即选择一段时期的历史市场数据按日计算并监测资产组合的在险价值，一般各大银行都会公布平均在险价值、最小在险价值和最大在险价值三个数值。在险价值作为衡量市场风险的工具主要有以下缺点：第一，在险价值不能反映流动性风险，因为在实际交易中，不能保证在持有期内完成所有资产的套期或出售；第二，在险价值不能反映所设定置信水平以外可能出现的亏损，仅能反映在每个交易日结束时的资产组合风险；第三，由于其对历史数据的强依赖性，导致不能准确预测风险因素的变化情况。

7.3.2　我国商业银行外汇敞口状况

我国系统性重要银行的外汇交易主要以美元为主，其中中国工商银行、中国农业银行、中国建设银行、交通银行外币的交易币种主要为美元和港元，其他币种交易量较少，中国银行相对其他四大银行外币交易币种较多，主要有美元、港元、日元、欧元和英镑，其他币种交易量较少。由于港元的汇率是与美元挂钩的，因此可以认为，港币兑人民币和美元兑人民币的汇率变动方向相同。五大银行美元、港元及总外汇敞口规模见表 7.1、

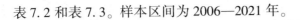

表 7.2 和表 7.3。样本区间为 2006—2021 年。

表 7.1　五大银行美元资产负债敞口（折合人民币，单位百万元）

年份	工行	农行	中行	建行	交行
2006	216597		618721	251512	23115
2007	343330		563132	286546	26213
2008	130331		357186	95495	24293
2009	155591		412808	55501	32869
2010	189064	−6407	423488	82821	72939
2011	278067	46111	361005	81931	38364
2012	331688	36185	353769	108614	70978
2013	276197	31015	367730	152492	80272
2014	299727	−25882	377399	37509	3277
2015	98444	4612	63219	157094	40831
2016	203535	42452	−43101	258805	26706
2017	101705	−89767	−166672	54869	−23652
2018	109292	6332	−484117	32045	45698
2019	54185	17001	−370193	−123640	144603
2020	76481	55661	−269413	−69455	244849
2021	79225	21288	332783	−13137	175525

资料来源：各大国有商业银行年报。

表 7.2　五大银行港币资产负债敞口（折合人民币，单位百万元）

年份	工行	农行	中行	建行	交行
2006	16452		672	17165	−6140
2007	−11167		11472	11591	−4698
2008	18749		−2181	18213	−5120
2009	13970		−52220	17674	−320
2010	−7527	12786	−98367	13040	−24862
2011	−16403	−6799	−28629	−18264	−27898
2012	1136	−10282	−112877	2170	−27441
2013	−66245	−22227	−76564	−10698	−33876
2014	−50288	−20793	−73438	−25651	4101

续表

年份	工行	农行	中行	建行	交行
2015	-7552	-27549	-100341	50463	-47416
2016	-23300	6526	-138057	96440	-16118
2017	17501	-5296	-149731	74346	-22817
2018	49605	-3213	-146856	103351	-26747
2019	18278	-7820	-82891	172266	-25402
2020	-15233	-3607	-118102	212355	-77614
2021	64390	828	-32139	99951	-44086

资料来源：各大国有商业银行年报。

表 7.3　五大银行外汇资产负债总敞口（折合人民币，单位百万元）

年份	工行	农行	中行	建行	交行
2006	243611		666088	268677	19479
2007	342009		596874	298137	25985
2008	208183		485210	113708	23322
2009	214195		396371	73175	32804
2010	231896	-1524	322703	95861	43172
2011	265290	27688	364696	63667	9342
2012	266916	12911	238542	110784	43559
2013	253530	11377	109966	141794	36106
2014	262643	-58245	128094	11858	25614
2015	189756	-12894	-23216	207557	6438
2016	344304	69050	-90117	355245	27893
2017	371875	-68813	-164839	129215	-16176
2018	327917	29675	-506451	135396	65482
2019	372187	61667	-175700	48626	185821
2020	402711	50356	-92847	142900	245434
2021	445029	65064	556079	86814	186601

资料来源：各大国有商业银行年报。

观察表 7.1，五大银行美元资产负债敞口除中国农业银行外，其余四大行 2017 年之前总敞口为正，说明美元资产大于美元负债。2017 年中国农业银行、中国建设银行和交通银行美元敞口为负，中国工商银行、中国农业银行美元敞口虽为正，但数值出现下跌，美元资产逐渐下降，美元负债逐渐提高。2018—2022 年，中国工商银行和中国建设银行的美元资产负债敞口数值整体呈下降趋势，但中国工商银行美元敞口仍为正值，美元资产仍大于美元负债，中国建设银行的美元敞口则连续三年为负值，在 2019 年跌到最低值。与之相反的是其他三家银行，美元敞口呈上升趋势，中国银行美元敞口在连续 5 年为负值后，在 2021 年出现第一个正值，美元资产上升，负债降低。表 7.2 中港元敞口刚好与美元敞口相反，几乎均为负值，尤其交通银行，2016 年来港元敞口几乎都为负值，并且数值还在下跌，说明港币资产小于港币负债。观察表 7.3，外汇总敞口正数较多，中国农业银行和中国银行外汇总敞口频频出现负值，2017 年，五大行中有三家银行外汇总敞口为负，近 4 年来五大银行的外汇总敞口基本为正值，并且整体数值都呈上升趋势，在总外汇敞口中，美元占比大部分超过 90%，说明我国外汇交易币种以美元为主。外汇敞口的存在，为银行外汇风险的产生提供了条件，当外汇敞口（以外币计算）为正时，外币汇率上升，银行净资产增加，外币汇率下降，银行净资产减少，风险增加；反之亦然。五大行由于汇率的变动所产生的汇兑损益净值见图 7.4（a），样本区间为 2007 年第二季度至 2018 年第三季度。

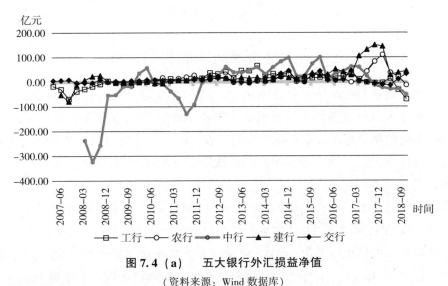

图 7.4（a） 五大银行外汇损益净值

（资料来源：Wind 数据库）

观察图 7.4（a），五大银行由于汇率变动所产生的损益净值以中国银行波动最大，由最初的负值变为正值，之后又变为负值。其他四大银行的外汇损益净值变化较小，但都不为 0，这说明由于外汇敞口的存在，外汇的变动使得银行的净外汇资产发生了变化。进一步将近 4 年的数据找出，见图 7.4（b），除中国工商银行的汇兑损益多为负值外，其他银行大都为正，且波动较小，其他特征基本与图 7.4（a）一致。

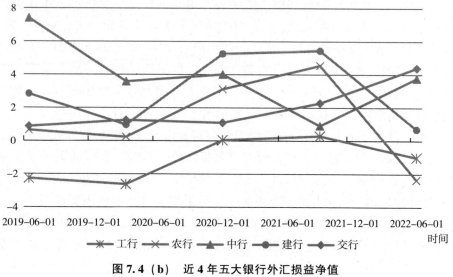

图 7.4（b） 近 4 年五大银行外汇损益净值

（资料来源：Wind 数据库）

7.3.3 汇率与系统性金融风险的实证分析

我国商业银行的外汇业务由美元、港元和少量其他外币业务构成，其中美元兑人民币业务的交易量最大，其次为港元和欧元业务，美元兑人民币的中间价格是我国外汇市场汇率的代表。图 7.5 为美元兑人民币中间价格与系统性重要银行最小违约距离的折线图，样本区间为 2007 年 1 月 4 日至 2022 年 3 月 31 日。

观察图 7.5，在样本区间内，汇率与 DD_{min} 的走势关系有一个明显的转折点，在 2015 年 8 月 11 日之前，汇率与 DD_{min} 呈反向变动，美元兑人民币汇率越低，人民币越升值，DD_{min} 越高，系统性金融风险水平越低，反之亦然。在 2015 年 8 月 11 日之后，两者关系与之前刚好相反，汇率与 DD_{min} 呈同向变动，随着美元兑人民币汇率的增加，人民币贬值，DD_{min} 降低，系统性金融风险水平增加。2019 年底之后，两者关系不明确，如果单以 $DD_{\min}$ 的最小值来看，也勉强算正相关关系。进一步观测 σ_e 与 $DD_{\min}$ 的关系，σ_e 与 $DD_{\min}$ 的散点图见图 7.6。

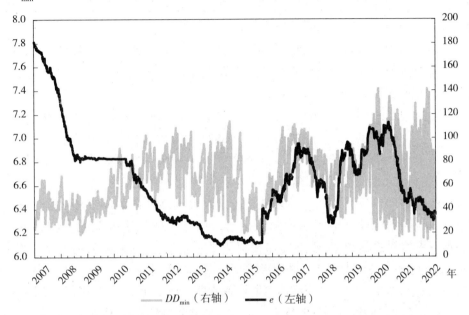

$DD_{\min}$（右轴）　　e（左轴）

图 7.5　美元兑人民币中间价格与系统性重要银行最小违约距离的折线图

观察图 7.6，σ_e 与 $DD_{\min}$ 的关系貌似是正相关，但关系并不明确，如果用 σ_e 与 $DD_{\min}$ 建立关系式，对于外汇市场风险与系统性金融风险之间的关系拟合不够确切，考虑 e 与 $DD_{\min}$ 之间的阶段性关系较为确切，本部分采用 e 与 $DD_{\min}$ 之间的关系式来量化阶段性外汇市场风险与系统性金融风险之间关系。样本区间为 2007 年 1 月 4 日至 2019 年 10 月 15 日。首先对变量 e 进行平稳性检验见表 7.4。

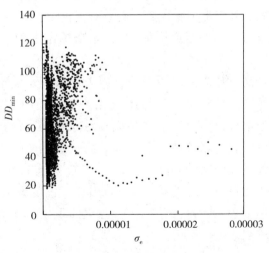

图 7.6　σ_e 与 $DD_{\min}$ 的散点图

表 7.4　平稳性检验

变量	检验形式 (c, t, k)	$ADF - t$ 值	t 临界值（5%）	Prob.	结论
e	$(c, 0, 0)$	-4.047817	-2.862405	0.0012	平稳

注：检验形式中的 c、t、k 分别表示常数项、趋势项和滞后阶数。

观察表 7.4 可知，e 与 DD_{min} 一样，为平稳时间序列，但考虑到两者之间关系明显的转折点，在模型中加入虚拟变量 D，经多次尝试，最终以式（7.1）拟合最为确切。

$$\hat{DD}_{mint} = 12.2287 - 38.6518D_t - 1.2623e_t + 6.0167D_te_t + 0.9324DD_{mint-1}$$
$$(4.9534)(-3.3209)(-3.6883)(3.4193)(129.8494)$$
$$R^2 = 0.9132 \quad F = 6819.28 \quad DW = 2.4487 \quad\quad (7.2)$$

式（7.2）为我国外汇市场汇率与系统性金融风险的数量关系方程，该方程各个估计参数都通过了显著性检验，且 R^2 很高，F 显著，方程拟合效果较好，说明它能较好地揭示我国汇率与系统性金融风险的关系。该关系式显示，汇率对系统性金融风险存在显著的影响，这种影响前后并非一致。在 2015 年 8 月 11 日之前，这种影响为正向，即汇率越高，系统性重要银行的违约距离越小，系统性金融风险水平越高，反之亦然，汇率每增加 1 单位，系统性重要银行的违约距离下降 1.2623 个单位。但是 2015 年 8 月 11 日之后，这种影响转为反向，即汇率越高，系统性重要银行的违约距离越大，系统性金融风险就越小；反之亦然，汇率每增加 1 单位，系统性重要银行的违约距离增加 4.7544 个单位。分析产生这种相反影响的原因，从银行净外汇资产入手，2015 年及之前，银行外汇敞口大部分为正，汇率升高意味着人民币贬值，以人民币衡量的银行净外汇资产产生损失，系统性金融风险增大；2016 年之后，银行外汇敞口缩小，2017 年大部分银行外汇敞口为负，汇率降低，意味着人民币升值，以人民币衡量的负外汇敞口增大，系统性金融风险升高，除上述原因外，还受国际经济形势和国内各方面因素的影响。另外，系统性金融风险最主要的风险源是系统性重要银行自身的运营状况，且 DD_{mint-1} 前的系数 0.9324 小于 1，说明我国系统性金融风险自身存在不断恶化的现象，防范系统性金融风险必须引起高度重视。

7.3.4　压力测试

根据汇率与系统性金融风险的关系式进行压力测试，并根据压力测试的结果进行说明。

由式（7.3）可知，在 2015 年 8 月 11 日之前，两者的关系为：

$$D\hat{D}_{t\min} = 12.2287 - 1.2623e_t + 0.9324DD_{t-1} \qquad (7.3)$$

汇率与系统性金融风险为同向变动，当汇率持续上升，人民币持续贬值，直至上升到 10RMB/＄左右时，式（7.3）变为式（7.4）。

$$D\hat{D}_{\min t} = 0.9434DD_{\min t-1} \qquad (7.4)$$

式（7.4）表明，在 2015 年 8 月 11 日之前，如果汇率持续升高，人民币持续贬值，当人民币贬值到 1 美元可以兑换 10 元人民币左右时，汇率不需要再继续升高，银行风险自身的不断恶化便可导致系统性金融风险的爆发。

2015 年 8 月 11 日之后，两者的关系式为：

$$D\hat{D}_{t\min} = -26.4231 + 4.7544e_t + 0.9324DD_{t-1} \qquad (7.5)$$

汇率与系统性金融风险为反向变动，当汇率持续下降，人民币持续升值，直至 5.5RMB/＄左右，式（7.5）变为式（7.4），表明在 2015 年 8 月 11 日之后，如果汇率持续下降，人民币持续升值，当 1 美元可以兑换 5.5 元人民币时，汇率即便不再降低，银行风险自身的不断恶化也会促发系统性金融风险。

2019 年底之后，汇率震荡下降，最低至 6.30 左右，如果勉强算是存在正相关关系，按上述压力测试的结果推测，6.30 较 5.5 高了不少，因此风险较低。

2022 年 3 月之后，汇率出现上升，短短半年之内人民币贬值 10% 左右，引起了众多的关注，美元兑人民币汇率已跌破 7.1。但由于本期银行的样本数据仅截止到 2022 年 3 月，缺乏后期数据，考虑到 3 月之前两者关系就已初步发生了变化，初步判断后期两者关系也会发生变化，但确切关系尚不明确。

综上可得，汇率与银行违约距离的关系因阶段不同而发生变化，这种关系的变化受很多因素的影响。但依上述所分数据阶段拟合关系推测，无论哪种关系，汇率变动到一定程度对银行的风险影响甚大，甚至是导致系统性金融风险的关键因素，应重点给予关注。

7.4 本章小结

随着中国金融开放程度和国际地位的提高，国际间的合作密切程度加强，银行业涉及的外汇业务越来越多，同时人民币汇率改革后，美元兑人民币双边汇率的波幅逐步扩大，汇率波动带来的风险已成为中国银行业高度关注的市场风险。经过相应的理论与实证分析，本部分得出的具体结论如下：

（1）我国汇率市场发展较为缓慢，这与我国经济制度和经济发展水平有关。新中国成立时期经济发展较为缓慢，国际地位不高，且金融开放程度不高，导致与其他国家之间的贸易往来较少，改革开放之后外汇市场才得到了较快发展。且我国对经济的干预程度较高，导致我国外汇市场市场化程度不高。

（2）我国汇率市场风险较集中，主要体现在我国外汇市场以银行间外汇市场为主，外汇市场依赖银行程度较强，在一定程度上将汇率风险转嫁给银行。我国外汇资产与外汇负债不匹配，外汇敞口较大，且外汇资产、负债币种错配，外汇交易主要以美元兑人民币交易为主，不利于外汇风险的分散。

（3）汇率对系统性金融风险的影响并非一成不变，汇率的变动虽通过多种渠道作用于系统性金融风险，但主要渠道为外汇净资产渠道。按最新阶段性的样本数据推算，2022年3月以前，汇率降低会增加银行的风险，汇率低于5.5RMB/$以下，将引发系统性金融风险。2022年3月之后，缺乏银行后期数据，因此后期汇率与银行风险的确切关系不明确。但无论哪种关系，经验数据告诉我们，汇率变动到一定程度对银行的风险影响甚大，甚至是导致系统性金融风险的关键因素，应重点给予关注。

具体的建议如下：

（1）加快我国外汇市场的发展，加大金融开放程度，增加与多个国家的外贸交易，扩大银行的外汇交易币种，分散外汇风险，降低外汇市场对银行的依赖程度。

（2）加强外汇敞口和外汇风险暴露的监测和管理，国内银行要加强自身合理外汇敞口的计量、监控和管理，及时采取一些防范措施，避免银行承担过度的外汇风险，在目前状态下，银行主要通过采取限额管理和风险对冲手段规避汇率风险。在汇率监控中应重点注意汇率的波动，避免汇率波动较大，人民币过度升值或过度贬值引发系统性金融风险，必要时刻还可调整外汇风险准备金，以降低人民币汇率升值或贬值预期。

（3）加强外汇金融创新，金融创新是金融发展的动力，是推动金融深化、实现金融现代化的必然选择。外汇金融创新业务在金融机构转移自身风险、增强流动性和规避外汇风险等方面具有积极作用，在风险可控的情况下寻找汇率对冲的金融衍生品，防止外汇变动对银行资产造成损失。

第8章　同业拆借市场与系统性金融风险

　　同业拆借市场是指金融机构（除中国人民银行外）之间进行短期资金融通的市场，是货币市场的重要组成部分。同业拆借市场在为准备金不足的非中央银行金融机构提供短期融资需求的同时，还能及时反映资金供求和货币政策意图，形成市场基准利率，对其他货币市场、资本市场和衍生品市场产生影响。市场利率的波动会造成银行金融资产价值、存贷比率及收入水平等方面的变化，影响银行的风险水平。

8.1　我国同业拆借市场的系统性风险分析

　　同业拆借市场的风险主要体现为同业拆借利率的波动，同业拆借利率受资金供求影响，其变动反映了资金的供求关系。当同业拆借利率较低时，表明货币供给大于货币需求，当同业拆借利率上涨时，表明货币需求增加，货币供不应求，严重时导致整个市场资金拆借困难，出现"钱荒"，进一步发生违约，同业拆借市场风险加剧。

8.1.1　我国同业拆借市场的发展状况

　　我国的同业拆借可以追溯到 1984 年，在此之前，我国实行的是高度集中的信贷资金管理体制，不允许同业之间进行资金拆借，银行如果出现了资金的短缺只能由上级银行采取行政的方法来解决。1984 年 10 月，我国对信贷资金的管理体制进行改革，推出了新的信贷资金管理体制，允许银行间进行资金拆借，之后这一业务在银行之间开展起来。由于当时严格紧缩的货币政策致使业务开展前期发展较为缓慢，同业拆借业务真正得到迅猛发展是在 1986年 3 月之后，国务院颁布了《中华人民共和国银行管理暂行条例》，对银行互相进行资金拆借业务制定了详细的规定。1988—1995 年为我国同业拆借市场动荡时期，1995 年 11 月中央人民银行发布通知，撤销了商业银行各自建立的拆借市场，为全国范围内建立统一的同业拆借市场打下了坚实的基础。1996

年 1 月 3 日，全国统一的银行间同业拆借市场正式建立，1998 年 10 月，保险公司开始步入同业拆借市场，2002 年我国开展了外币拆借业务。经过几十年的发展，目前我国的同业拆借市场已经形成了以银行间同业拆借市场为主、短期借贷市场为辅的市场体系，市场规模不断扩大，市场制度逐步完善，在金融机构间的短期融资中发挥了重要的作用。图 8.1（a）和图 8.1（b）为我国银行间同业拆借市场历年交易规模累计值及增长率，样本区间为 2005—2021 年。

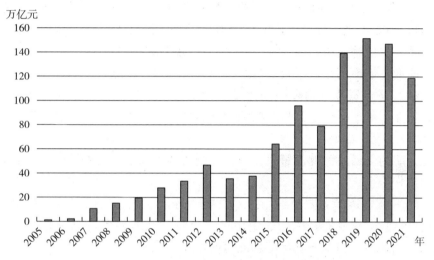

图 8.1（a）　2005—2021 年各期限银行间同业拆借年累计成交量

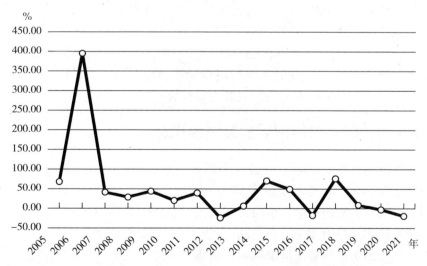

图 8.1（b）　2005—2021 年各期限银行间同业拆借年累计成交量增长率

（资料来源：Wind 数据库）

观察图 8.1（a）和图 8.1（b）可以看出，除 2013 年、2014 年和 2017 年数据有所下降外，我国银行间同业拆借规模呈上升趋势，且增长迅速，2018 年将近 140 万亿元，较 2005 年总增长率超过 100 倍，同业拆借市场的参与成员也越来越多，2018 年总成员数超过 1000 个。2019 年，我国银行间同业拆借年累计超过 150 万亿元，达到历史以来的顶峰，之后，同业拆借趋势出现转折，成交量整体规模出现下滑，2021 年累计成交 118.82 万亿元，较 2020 年同比下降 19.25%。从整体趋势来看，我国同业拆借市场成交量增长率自 2008 年之后波动性较低，2020 年之前，除 2013 年和 2017 年出现负增长外，其他都为正，但 2020 年之后又出现下降趋势。

同业拆借市场相比于其他资产市场，具有以下特点。

（1）融通资金的期限一般比较短，主要用于短期、临时性需要。目前我国同业拆借市场交易品种按期限来分总共有 1 天期、7 天期、14 天期、21 天期、1 个月、2 个月、3 个月、4 个月、6 个月、1 年期等 10 余个品种，其中 1 天期的交易品种规模最大，占总规模的 90% 以上，说明同业拆借市场以短期借贷为主。

（2）同业拆借主要是信用拆借。同业拆借与其他的抵押贷款不同，不需要抵押物，仅靠借贷机构的信用进行借贷，这就使得商业银行不需要维持大量的超额准备金来满足存款支付的需求。

（3）同业拆借市场的主要参与机构为银行机构。我国目前的同业拆借市场参与成员超过 1000 家，主要有银行机构、证券公司、保险公司、金融租赁公司、资产管理公司等。2018 年 12 月，同业拆借市场总交易规模为 24.25 万亿元，其中证券公司交易规模为 1.88 万亿元，其他金融机构交易规模为 1.96 万亿元，剩余的为银行机构同业拆借交易量，占比为 84.16%。这说明同业拆借市场中主要的参与者为银行机构。

8.1.2 同业拆借市场的系统性风险

同业拆借市场的风险主要表现为同业拆借利率的变动，同业拆借利率受资金供求影响，其变动反映了资金供求的关系。当拆借利率较低时，表明货币供给大于货币需求，这时市场交易量较低，除了造成资金的闲置外，市场风险较低。当拆借利率上涨时，表明货币需求增加，货币供不应求，严重时导致整个市场资金拆借困难，出现"钱荒"，进一步发生违约，同业拆借市场风险加剧。上海银行间隔夜拆借利率（SHIBOR）较其他的同业拆借利率对资金的供求变动最为敏感，是市场化程度最高的利率，本书选择

SHIBOR 的波动作为同业拆借市场系统性风险，SHIBOR 的波动计算方法与其他市场类似，记为 σ_s，SHIBOR 与 σ_s 的折线图见图 8.2（a）和图 8.2（b）。

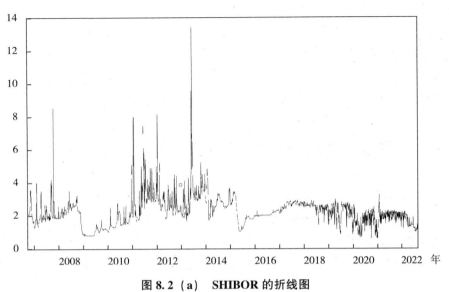

图 8.2（a）　**SHIBOR 的折线图**

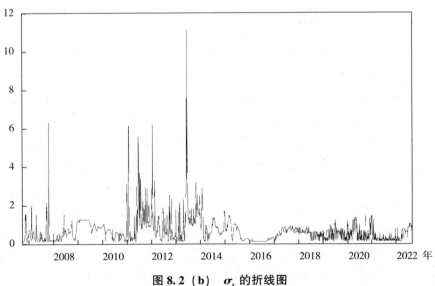

图 8.2（b）　σ_s 的折线图

（资料来源：Wind 数据库）

观察图 8.2（a）和图 8.2（b），我国同业拆借市场自建立起，同业拆借利率波动较为剧烈，样本区间内共出现 5 次剧烈的波动，2013 年 6 月最为严重。受国际因素和国内因素的双重影响，2013 年 5 月以来，金融市场的资金利率全线攀升。3 个月国债到期利率在短短 1 个月的时间就从 2.59% 上升到了 3.39%，变动幅度达到了 30%，银行间隔夜拆借利率上涨幅度更大，6 月 20 日的拆借利率相比于 5 月 7 日的拆借利率狂涨了 2.24 倍，系统性风险上升。2013 年 6 月 19 日，大型的商业银行也都纷纷加入借钱大军，银行间拆借市场连续几天疯涨之后，6 月 20 日，资金市场几乎失控而停盘，各期限资金利率全线大涨使得"钱荒"进一步升级。2013 年以后，同业拆借利率波动较为平缓，同业拆借市场系统性风险水平较低。

8.2 同业拆借市场风险向系统性金融风险的传导机制

同业拆借市场风险向系统性金融风险的传导主要有两个渠道：第一，利率渠道，同业拆借利率作为市场基准利率会对银行利率敏感性资产负债产生影响，进而影响银行的风险水平；第二，通过同业拆借市场，单个银行的风险传染给整个银行部门，致使整个银行部门产生风险，爆发系统性金融风险。

8.2.1 利率渠道

利率变动会引起银行利率敏感性资产的价值变动，如果这种变动是不利的，则会使得银行资产遭受损失，称其为商业银行的利率风险。具体从银行的金融资产价值、存贷款规模变动、利息收入变动三个方面分析。

同业拆借利率是市场化利率，利率变化与金融资产价值的变化呈反方向变动，利率升高，金融资产价值缩水，价格下跌；利率降低，金融资产价值升值，价格上涨。金融资产价值的升高会使银行金融资产风险水平降低，相反金融资产价值的降低会导致银行金融资产风险水平升高。从金融资产价值层面分析，同业拆借利率与系统性金融风险呈同向变动。

同业拆借利率作为市场基准利率，是政府宏观调控的货币政策工具，利率的变动决定了宏观政策的风向。当利率上升时，表明目前的政策从紧，经济形势下滑，信贷规模下降，存款负债增加，资金回流；相反，利率下降表明政策放松，经济回暖，信贷规模增加，存款负债降低，资金流出。如果从净资产规模变动层面分析，利率上升时，净资产减少，银行风险增加，利率降低时，净资产增加，银行风险降低，同业拆借利率与系统性金融风险呈同向变动。

同业拆借利率的变动直接影响银行的收益水平，我国银行的收入一直以来以利息收入为主，利率上升会导致银行利息收入增加，利率降低会减少银行的利息收入。利率市场化之前，我国利率为管制利率，政府通过强制手段对存贷款利率进行管控，存贷款利率与同业拆借利率关联度较低。随着同业拆借市场的快速发展，同时利率市场化进程的加快，我国利率的市场化程度越来越高，政府放松了对于利率的管制，存贷利率与同业拆借利率相关性越来越高，银行利息收入受同业拆借利率的影响越来越大。图 8.3 为五大银行净利息收入占总收入的比率，样本区间为 2006—2021 年。

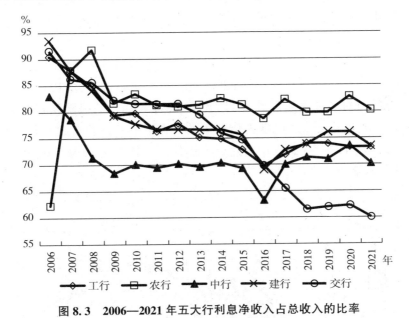

图 8.3　2006—2021 年五大行利息净收入占总收入的比率

(资料来源：Wind 数据库)

观察图 8.3，银行的利息收入虽整体呈现下滑的趋势，但利息收入占总收入的比率均超过 60%，是银行的主营收入。一旦同业拆借利率发生变动，将会造成银行利息收入的波动，给银行带来盈利损失。从银行利息收入角度来看，利率变动与系统性金融风险呈反向变动。

除上述三个方面，同业拆借利率还会通过影响银行的客户行为、汇率的变化等方面来对系统性金融风险产生影响。客户行为指利率发生变化，影响资产的收益和损失，银行客户可能会选择改变自己的投资行为，从而使得银行的资产负债发生变化，造成银行的风险。

8.2.2 银行部门内部风险传递

同业拆借市场作为金融市场的重要组成部分，其基本功能是融资功能。由于其短期不需抵押物等特点，可以高效地解决非金融机构日常经营发展过程中临时性或季节性的资金需求，保证其日常生产经营活动的顺利进行；还可以更好地满足在日常经营活动过程中金融机构间头寸余缺调节的客观需要，从而及时有效地解决金融机构的资金短缺问题或存在闲置资金而造成浪费的问题，进一步提高金融机构的资金使用效率。我国的同业拆借市场主要为银行间同业拆借市场，银行是主要的参与机构，各个银行通过拆入资金解决自己流动性不足的问题，同时资金的借出方还可以将闲置的资金盘活，获得一定的收入，是一种"双赢"的交易。但这种交易带来双赢的同时，也增加了银行间的风险传递，进一步导致了系统性风险的发生［Fernando（2003）、Cifuentes 等（2005）；Gai 和 Kapadia（2010）］。

银行部门的很多业务都具有同质性，银行间共同的风险敞口会造成风险在部门之间进行传染，同业拆借业务的存在进一步加剧了这种风险传染。图 8.4 为五大行同业拆借资产占总资产的比率，样本区间为 2006 年第四季度至 2021 年第四季度。

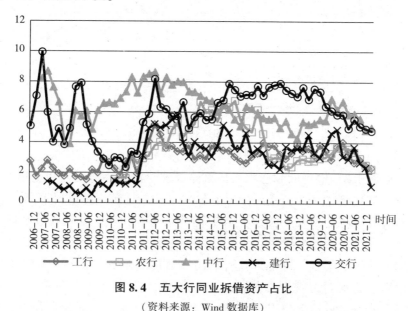

图 8.4 五大行同业拆借资产占比

（资料来源：Wind 数据库）

观察图 8.4，五大行同业拆借资产占总资产的比率波动较大，大部分时间占比在 2%~8%，从数据上来看，银行对于同业拆借的需求规模较大，考虑到银行之间业务的同质性，风险会同时产生。银行对于同业拆借市场较为依赖，资金需求的同时增大会造成同业拆借市场的资金紧张，导致银行的资金需求无法在短时期之内获得，引发银行的流动性问题，增大银行的风险。例如，2013 年 6 月 "钱荒" 事件，兴业银行不能及时归还同业拆借资金，产生违约，对债权方的资金流动性产生影响，如果债权方同时也是其他银行的资金拆借债务方，这一违约将会随着同业拆借业务传染下去，产生 "多米诺骨牌" 效应，最终导致整个银行部门产生系统性金融风险。

8.3　同业拆借市场系统性风险与系统性金融风险的实证分析

　　根据上述阐述，同业拆借市场对银行风险的影响渠道主要有两个，一是利率渠道，仅从单个银行的风险进行分析；二是通过银行间互相拆借交易导致风险在银行内部进行传导。关于第二种渠道，考虑到本书系统性金融风险的定义，即五大银行任何一家银行出现资不抵债的情况视为发生系统性金融风险，因此这里暂且不考虑第二种渠道，仅从第一种渠道（利率渠道）考虑。

8.3.1　同业拆借利率与系统性金融风险的实证分析

　　利率主要通过影响银行金融资产的价值、存贷规模、利息收入等对银行风险水平产生影响。从不同的层面分析利率对系统性金融风险的作用方向不同，考虑到多个层面不同的影响，不适于采用类似房地产市场的分析方法，这里采用类似股票市场、债券市场和外汇市场从总体上观察同业拆借利率对系统性金融风险的影响。样本区间为 2006 年 10 月 9 日至 2022 年 3 月 31 日，图 8.5 为 SHIBOR 与五大银行最小违约距离的折线图。

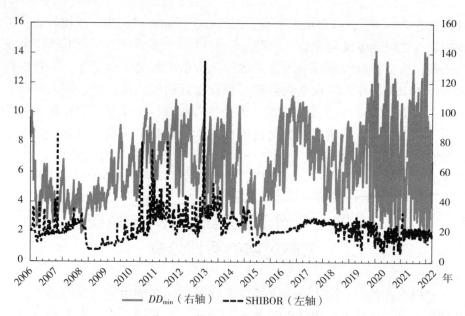

图 8.5　SHIBOR 和 DD_{min} 的折线图

观察图 8.5，在样本区间内，同业拆借利率基本都在 2%~4% 区间，共出现过 5 次波动，前 4 次波动的最高值均低于 8%，第 5 次波动最高值超过了 10%，2013 年 6 月 20 日达到了 13.44%，具体原因上述已经给出分析，这里不再赘述。从总体来看，SHIBOR 与 DD_{min} 呈现同向变动，即利率与系统性金融风险为反方向变动关系。根据上述阐述，从银行不同数据层面分析，同业拆借利率对系统性金融风险的作用不同，从金融资产价值和存贷规模层面分析，利率增加会导致系统性金融风险上升，利率与系统性金融风险呈同向变动；从利息收入层面分析，利率增加会带来银行利息收入的增加，利率与系统性金融风险呈反向变动。图 8.5 显示，利率对系统性金融风险的总影响为负，这说明利息收入层面的反向作用最终抵消掉金融资产和存贷规模层面的正向作用后依然存在剩余，最终结果为同业拆借利率与 DD_{min} 呈正相关，与系统性金融风险呈负相关。这也说明了同业拆借市场对于银行的主要影响渠道为利率的收入渠道。进一步分析 SHIBOR 和 DD_{min} 具体量化关系，先对 SHIBOR 进行平稳性检验，见表 8.1。

表 8.1　平稳性检验

变量	检验形式 (c, t, k)	$ADF-t$ 值	t 临界值（5%）	Prob.	结论
SHIBOR	(c, 0, 0)	−4.581934	−2.862436	0.0001	平稳

注：检验形式中的 c、t、k 分别表示常数项、趋势项和滞后阶数。

观察表 8.1 可知，SHIBOR 为平稳时间序列，DD_{min} 的平稳性检验结果之前已给出，为平稳时间序列，变量为平稳时间序列可进行格兰杰因果检验，具体结果见表 8.2。

表 8.2　格兰杰因果检验

Null Hypothesis	Obs	F-Statistic	Prob.
DD_{min} does not Granger Cause SHIBOR	2649	2.231686	0.048651
SHIBOR does not Granger Cause DD_{min}		3.295416	0.005705

观察表 8.2，SHIBOR 与 DD_{min} 互为因果关系，这说明同业拆借市场通过利率渠道对银行风险水平产生影响，同时，银行风险反过来也会对同业拆借利率产生影响。同业拆借市场通过利率渠道对银行资产负债产生影响，进而影响银行的风险水平，银行风险水平的大小在一定程度上反映了资金的供求情况，对同业拆借利率产生影响。进一步具体量化两者的关系，SHIBOR 与 DD_{min} 的散点图见图 8.6。

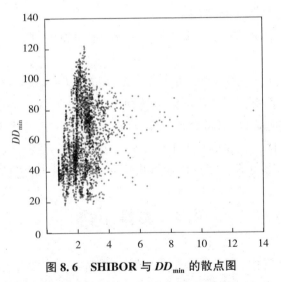

图 8.6　SHIBOR 与 DD_{min} 的散点图

观察图 8.6，SHIBOR 与 DD_{min} 呈现正相关关系，同业拆借利率越高，系统性重要银行的违约距离越大，系统性金融风险越小。考虑到这种关系，通过各种尝试，最终以（8.1）式拟合效果最好（本书尝试用 σ_s 与 DD_{min} 建立关系，但两者关系并不明确，最终选择用 SHIBOR 与 DD_{min} 建立关系式）。

$$D\hat{D}_{\mathrm{min}t} = 2.4458 + 0.7303\ln SHIBOR_t + 0.9508DD_{\mathrm{min}t-1}$$
$$(6.1575)\quad(2.1826)\quad(156.6855)$$
$$R^2 = 0.9132 \qquad F = 13938.39 \qquad DW = 2.4632 \qquad (8.1)$$

式（8.1）即为我国同业拆借利率与系统性金融风险的数量关系方程，该方程各个估计参数都通过了显著性检验，且 R^2 很高，F 显著，方程拟合效果较好，说明它能较好地揭示我国同业拆借市场与系统性金融风险的关系。该关系式显示，我国同业拆借利率对系统性金融风险的影响为负，即同业拆借利率越大，系统性重要银行的违约距离越大，系统性金融风险越小，同业拆借利率降低 1 个百分点，系统性重要银行的违约距离下降 0.7303 个单位。$DD_{\mathrm{min}t-1}$ 前的系数 0.9508 小于 1，说明我国系统性金融风险自身存在不断恶化的现象，防范系统性金融风险必须引起高度重视。

8.3.2 压力测试

根据同业拆借利率与系统性金融风险的关系式进行金融压力测试，并根据压力测试的结果进行说明。

由式（8.1）可知，当 $SHIBOR \to 0$ 时，$\ln SHIBOR \to -\infty$，代入式（8.1）可得

$$D\hat{D}_{\mathrm{min}t} - 0.9434DD_{\mathrm{min}t-1} = 2.1063 + (-\infty) = -\infty \qquad (8.2)$$

式（8.2）表明，当同业拆借市场利率无止境下跌，直至 0 附近时，系统性重要银行的违约距离将会趋于负无穷，发生系统性金融风险的概率接近于 1。这就是说，在我国目前的金融体系结构下，系统性金融风险完全可能由同业拆借市场促发，研究同业拆借市场的利率传导路径尤为重要。

8.4 本章小结

同业拆借市场作为金融市场的重要组成部分，主要作用是为金融机构解决短期资金的流动性问题，同时根据市场资金的供求关系形成市场基准利率，同业拆借市场的主要参与者是银行部门，同业拆借利率的波动主要通过利息收入渠道对系统性金融风险产生影响。经相应的理论与实证分析，本部分得出的具体结论如下。

（1）我国同业拆借市场虽开始较晚，但发展迅速，以银行间同业拆借市场为主，其主要参与机构为银行机构，或者可以认为同业拆借市场是专

门为了银行部门之间的短期拆借而设立的，虽后期有其他机构的参与，但主要作用未发生变化。我国同业拆借市场的波动较大，目前为止出现过 5 次巨大的波动，其中以 2013 年 6 月的波动最为剧烈。

（2）同业拆借市场对系统性金融风险溢出的主要渠道是利率渠道，从银行不同数据层面分析同业拆借利率对系统性金融风险的作用不同。从金融资产价值和存贷规模层面分析，利率与系统性金融风险呈同向变动；从利息收入层面分析，利率与系统性金融风险呈反向变动。从总体来看，利率对系统性金融风险的总影响为负，这表明利息收入层面的反向作用最终抵消掉金融资产和存贷规模层面的正向作用后依然存在剩余，同业拆借市场对银行影响的主要渠道为利率收入渠道。

（3）压力测试显示，当同业拆借利率趋于 0 时，即同业拆借的变动趋于负无穷时，系统性重要银行的违约距离将会趋于负无穷，发生系统性金融风险的概率接近于 1，银行会突破"不发生系统性金融风险"的政策底线，这说明系统性金融风险完全可能由同业拆借市场促发，研究同业拆借市场的利率传导路径尤为重要。

（4）决定我国系统性金融风险的最主要因素是系统性重要银行自身的运营风险，这种运营风险当前具有内在恶化的趋势，因此，从总体上说，充分分析系统性重要银行的各种资产结构就显得尤为重要。

根据本书的研究结论，并结合我国同业拆借市场的特点，具体建议有：①大力发展同业拆借市场，扩大其他参与成员，不仅仅限于银行间交易，真正起到为企业融资的作用。②继续深化金融市场的市场化程度，增加信息透明度，避免同业拆借市场出现"钱荒"及同业拆借违约事件发生。③调整银行的收入结构，转变原先以利息收入为主要收入的经营方式，降低利率对银行风险的影响，且注意避免系统性重要银行自身的运营风险。

第9章 我国系统性金融风险的统计监测

2008年，美国金融危机给全球经济带来了沉重的打击，之后对系统性金融风险的研究再度掀起了热潮，国内外学者从各个方面对系统性金融风险的成因及测度进行了阐述。对系统性金融风险成因和测度研究的最终目的是对系统性金融风险进行监测。根据本书对系统性金融风险测度和分层结构研究的实证结果，仅从时间维度给出我国系统性金融风险的监测建议。

9.1 系统性金融风险自身恶化趋势监测

我国金融体系结构为银行主导型，系统性金融风险体现为系统性重要银行的破产风险。纵向监测指从变化趋势上对系统性金融风险进行监测，重点预防系统性金融风险的不断自我恶化趋势与顺周期性。

我国系统性金融风险自身存在不断恶化的现象，防范系统性金融风险必须引起高度重视。本书在研究股票市场、外汇市场、同业拆借市场与系统性金融风险之间的量化关系时，得出的具体关系式分别为：

$$D\hat{D}_{\text{min}t} = 5.3009 + 0.0951\frac{1}{\sigma_M} + 0.8031DD_{\text{min}t-1} \tag{4.6}$$

$$D\hat{D}_{\text{min}t} = 12.2287 - 38.6518D_t - 1.2623e_t + 6.0167D_te_t + 0.9324DD_{\text{min}t-1} \tag{7.2}$$

$$D\hat{D}_{\text{min}t} = 2.4458 + 0.7303\ln SHIBOR_t + 0.9508DD_{\text{min}t-1} \tag{8.1}$$

观察式（4.6）、式（7.2）和式（8.1），$DD_{\text{min}t-1}$ 前面的系数均小于1，说明我国系统性金融风险自身存在不断恶化的现象，系统性金融风险可由自身内部的不断恶化促发。对系统性金融风险进行监测要关注银行风险自身内部的恶化情况，及时防范系统性金融风险的产生。

另外，需要注意我国系统性金融风险的顺周期性，我国经济顺周期因素太多，经济周期波动显著，并不断被扩张放大，进而造成潜在风险的不断积累。我国之所以未爆发系统性金融风险的一个重要的原因在于过去几十年经济的快速增长，然而随着我国经济下行的压力增大，过去很多被隐藏的风险暴露出来，当这种潜在风险积累到一定程度时，就会出现突然的剧烈调整，可能引发系统性金融风险。为了避免系统性金融风险的顺周期性，需采取逆周期政策和差别化的政策工具，在经济繁荣时期和经济萧条时期选择不同的政策工具，及时遏制风险的累积，熨平经济周期。

9.2　资产市场监测

金融体系中各金融部门和行业风险相关联，单个金融部门的风险会通过业务关联蔓延到整个金融体系，风险在金融机构和行业之间的横向传染和蔓延可能引发系统性金融风险。我国的金融体系结构为银行主导型，系统性金融风险体现为系统性重要银行的违约风险，银行的违约风险体现为银行资产风险。系统性重要银行的主要资产包括股票资产、房地产贷款资产、债券资产、外汇资产和货币资产。银行部门的主要资产风险由银行参与股票市场、房地产市场、债券市场、外汇市场和同业拆借市场交易产生，整个金融体系的系统性金融风险是各个资产市场对系统性金融风险溢出的加总，每个资产市场对系统性金融风险的溢出风险是系统性金融风险的一个分层结构，即整个金融体系的系统性金融风险等于银行部门的系统性风险等于各个资产市场对系统性风险溢出风险的加总。从资产市场层面对系统性金融风险进行时间维度的监测指根据股票市场、房地产市场、债券市场、外汇市场和同业拆借市场 5 个资产市场系统性风险与系统性金融风险具体的量化关系及压力测试结果，分析寻找对系统性金融风险起关键作用的资产市场，对系统性重要资产市场着重监管。

根据股票市场、房地产市场、债券市场、外汇市场和同业拆借市场 5 个资产市场系统性风险与系统性金融风险具体的量化关系及压力测试结果，对系统性金融风险起重要作用的子市场为房地产市场、外汇市场和同业拆借市场，我们称之为系统性重要资产市场，对系统性重要资产市场应重点进行监测。

9.2.1　房地产市场监测

房地产市场的主要融资来源为银行部门，房地产市场主要通过信贷渠道将风险传递给银行部门。房地产市场价格是影响银行房地产信贷的原因，房地产价格与银行房地产贷款占比呈同向变动，房地产市场的价格越高，银行房地产贷款占比越高。具体的量化关系如下：

$$DR = 85.5733 - 0.0294HP + 4.54E - 06HP^2 - 2.06E - 10HP^3 \quad (5.1)$$

$$\frac{\mathrm{d}(DR)}{\mathrm{d}(HP)} = -0.0294 + 9.08E - 06HP - 6.18E - 10HP^2 \quad (5.2)$$

通过式（5.1）和式（5.2）可以看出，房价与银行房地产贷款占比之间的关系为三次函数，不同的时间点，其变动关系不一致。大部分阶段随着房地产价格的上升，银行房地产贷款占比增加。目前，我国房地产市场价格呈稳定及缓慢下降趋势，如果此阶段房价下跌速度太快，可能会产生银行贷款违约，导致风险升高。五大银行中，房地产贷款占银行贷款的比率最低数据也位于 20% 左右，最高占比将近 45%，房地产贷款占银行贷款比例很高。如此大的贷款规模，一旦产生损失，将加大银行的风险。经测算，按照目前的房价，如果房地产市场均价降低 31.2943%，银行房地产贷款总额损失 21.005%，银行的违约距离为负，整个金融体系将爆发系统性金融风险。

对于房地产市场的监测重点在于监测房地产市场的价格变化，严控房价过高，房地产市场泡沫过大，相应的调控手段不能太强硬，防止房地产市场价格泡沫破灭，出现硬着陆，导致系统性金融风险发生。同时要降低房地产市场的杠杆，密切关注房地产信贷规模，预防由于房价的变动给银行资产造成损失。

9.2.2 外汇市场监测

外汇市场风险对系统性金融风险的影响渠道主要为汇率渠道，我国汇率市场主要表现为银行间汇率市场，外汇市场交易主体为银行部门，外汇市场风险的主要承载体为银行业。汇率风险主要体现为银行外汇敞口的汇兑损失，汇率一旦发生变化，将会导致银行的外汇资产和负债发生变化，影响银行的风险水平。通过具体数据的测算，汇率波动与系统性重要银行的最小违约距离关系并不明确，但汇率与系统性重要银行的最小违约距离关系明确，并呈现出一定的时变性，在 2015 年 8 月 11 之前为反向变动关系，之后为正向变动关系。具体原因主要与银行外汇资产和负债的相对规模有关，2015 年及之前，银行外汇敞口大部分为正，汇率升高意味着人民币贬值，以人民币衡量的银行净外汇资产产生损失，系统性金融风险增大；2016 年之后，银行外汇敞口缩小，2017 年大部分银行外汇敞口为负，汇率降低，意味着人民币升值，以人民币衡量的负外汇敞口增大，系统性金融风险升高，具体分析见式（7.3）和式（7.5）。

在 2015 年 8 月 11 日之前，两者的关系如下：

$$D\hat{D}_{t\min} = 12.2287 - 1.2623e_t + 0.9324DD_{t-1} \tag{7.3}$$

汇率与系统性金融风险为同向变动，当汇率持续上升，人民币持续贬值，直至 10RMB/＄左右，即 1 美元可以兑换 10 元人民币时，汇率即便不再继续升高，银行风险自身的不断恶化便可导致系统性金融风险的爆发。

在 2015 年 8 月 11 日之后，两者的关系式如下：

$$D\hat{D}_{t\min} = -26.4231 + 4.7544e_t + 0.9324DD_{t-1} \tag{7.5}$$

汇率与系统性金融风险为反向变动，当汇率持续下降，人民币持续升值，直至 5.5RMB/＄左右，即当 1 美元可以兑换 5.5 元人民币时，即便汇率不再降低，银行风险自身的不断恶化也会促发系统性金融风险。

2019 年底之后，汇率震荡下降，最低至 6.30 左右，如果勉强算是存在正相关关系，按上述压力测试的结果推测，6.30 较 5.5 高了不少，因此风险较低。

2022 年 3 月之后，汇率出现上升，短短半年之内人民币贬值 10% 左右，引起了众多的关注，美元兑人民币汇率已跌破 7.1。但由于本期银行的样本数据仅截至 2022 年 3 月，缺乏后期数据，考虑到 3 月之前两者关系就已初步发生了变化，因此后期两者关系尚不明确。但依上述所分数据阶段拟合关系推测，无论哪种关系，汇率变动到一定程度对银行的风险影响甚大，甚至是导致系统性金融风险的关键因素。

随着世界经济全球化和金融一体化的发展，商业银行的外汇交易业务日益增加，使其在外币交易活动中持有一定程度的外汇敞口，银行的外汇敞口是银行外汇资产与外汇负债之间的不匹配及表内外业务中的货币错配形成的，外汇敞口的存在为汇率风险埋下了隐患。根据目前我国系统性重要银行外汇资产与负债的结构特征，应重点监测美元对人民币的汇率，防止汇率过高过低，波动剧烈，引发整个金融体系的系统性金融风险。必要时刻还可调整外汇风险准备金，以降低人民币汇率升值或贬值预期。

9.2.3　同业拆借市场监测

同业拆借市场是各类金融机构之间进行短期资金拆借活动的场所，我国的同业拆借市场主要表现为银行间同业拆借市场，银行为主要的参与机构。同业拆借市场对银行风险水平的影响渠道主要有两个，第一，利率渠道，同业拆借利率作为市场基准利率对银行利率敏感性资产负债产生影响，进而影响银行风险水平；第二，通过同业拆借市场，单个银行的风险传染给整个银行部门，致使整个银行部门产生风险，爆发系统性金融风险，其中利率渠道为主要影响渠道。与外汇市场类似，利率波动与系统性重要银行的最小违约距离关系不明确，但同业拆借利率与系统性重要银行的最小违约距离关系明确，具体量化关系如下：

$$\hat{DD}_{\mathrm{min}t} = 2.4458 + 0.7303\ln SHIBOR_t + 0.9508DD_{\mathrm{min}t-1} \qquad (8.1)$$

式（8.1）表明，当同业拆借市场利率无止境下跌，直至 0 附近时，系统性重要银行的违约距离将会趋于负无穷，发生系统性金融风险的概率接近于 1。也就是说，在我国目前的金融体系结构下，系统性金融风险完全可能由同业拆借市场促发，研究同业拆借市场的利率传导路径尤为重要。

同业拆借利率之所以会引发系统性金融风险，是因为利息收入为银行的主要收入，尽管整体呈现下滑的趋势，但目前利息收入占总收入的比率均超过 60%，利率下降，会造成银行的利息收入降低，银行风险水平增加。目前我国利率市场化已初步完成，利率呈下降趋势，在市场化深化进程中应密切监测同业拆借市场利率，防止利率过低引发系统性金融风险。

9.2.4 股票市场监测

股票市场是金融市场的重要组成部分，为企业直接融资提供了场所。对于市场主导型的金融体系结构，股票市场的系统性风险表现为整个金融体系的系统性金融风险。我国的金融体系结构是银行主导型的，长期的分业经营导致我国股票市场与银行部门之间直接交易较少，股票市场系统性风险向系统性金融风险的主要传染渠道为间接渠道。股票市场的系统性风险表现为股价波动剧烈，将价格波动与系统性金融风险关系进行量化，具体结果如下：

$$\hat{DD}_{\mathrm{min}t} = 5.3009 + 0.0951\frac{1}{\sigma_M} + 0.8031DD_{\mathrm{min}t-1} \qquad (4.6)$$

证券市场波动率增加 1 个百分点，系统性重要银行的违约距离仅下降 1.84%（这一关系从对数形式就能看得比较清楚），即便是我国证券市场完全崩溃，$\sigma_M \to +\infty$ 时，$\frac{1}{\sigma_M} \to 0$，系统性重要银行的违约距离也将大于 26.9218，发生系统性金融风险的概率几乎为 0。也就是说，在我国目前的金融体系结构下，系统性金融风险完全不可能由证券市场系统性风险促发。但股票市场系统性风险的监测并非没有意义，我国股价波动带来的财富再分配效应应给予重点关注。

9.2.5　债券市场监测

债券市场的 4 个子市场中，银行间债券市场为债券市场主要市场，银行是债券市场的主要投资者，债券市场的价格波动和信用违约会造成银行资产的损失，影响银行的风险水平。银行债券投资额占资产的比率基本位于 15%～25%之间，且近几年存在明显的上升趋势，然而从总体上观测债券市场系统性风险与系统性金融风险发现，债券价格与 DD_{min} 关系不明确，这说明我国债券市场对系统性金融风险的影响不大。究其原因，在银行持有债券中，政府债券和政策性银行债券占总债券投资的 90%左右，公司和企业债券投资仅占银行债券总投资额的 5%不到，政府债券和政策性银行债券都是以国家的信用做保障的，主要用于宏观经济的调控，一般不会发生违约，出现信用风险的一般为公司和企业债券。我国债券市场的价格波动本身较为平稳，即便波动较为剧烈，有政府信用作担保的债券仍然很安全，由此得出，债券市场对系统性金融风险的影响并不显著。但债券市场的监测并非没有意义，监测债券市场的宏观调控效应及政府部门杠杆率远远比监测风险在债券市场与银行部门间的传递效应更为重要。

9.3　本章小结

对系统性金融风险的监测建立在对系统性金融风险的测度与分层结构压力测试的基础上，从系统性金融风险的自身恶化趋势和资产市场同时着手，避免系统性金融风险的不断自我恶化趋势与顺周期性。需从宏观审慎性视角适时运用逆周期政策工具，及时遏制系统性金融风险的萌芽，同时控制银行内部的各种风险，防止系统性金融风险纵向蔓延。从各个资产市场入手，针对各个子市场对系统性金融风险的风险溢出渠道、具体的量化关系及压力测试的结果，有针对性地进行重点监测。5 个资产市场中应重点监测房地产市场、外汇市场和同业拆借市场，对房地产市场价格进行调控，抑制房价上涨的同时，避免房价回落出现硬着陆，爆发系统性金融风险；外汇市场风险对系统性金融风险的传导渠道主要通过汇率渠道，在当前阶段，应着重监测美元兑人民币汇率，防止人民币过度贬值，波动较大，爆发系统性金融风险；同业拆借市场对系统性金融风险的传染渠道为利率渠道，应避免利率过度降低带来的系统性金融风险；股票市场和债券市场风险并非系统性金融风险的关键性因素，但股票市场波动对投资者的资产再分配效应，债券市场的宏观调控效应及政府部门杠杆率同样具有监测意义。

第 10 章 结论与展望

10.1 结论与建议

本书以改革开放 40 多年中国取得的成就与面临的问题为研究背景，以我国银行主导型金融体系结构为前提，提出系统性金融风险的主要承载体为系统性重要银行，五大系统性重要银行任何一家银行出现资不抵债视为系统性金融风险的爆发。采用 CCA 模型对系统性金融风险水平进行测量，并从银行资产的构成层面对系统性金融风险进行了分层结构分析，进一步构建了我国系统性金融风险的统计监测体系，明确了重要市场监测次序。

10.1.1 研究结论

具体的结论有以下几点。

（1）根据测算的五大行最小违约距离数值显示，我国系统性金融风险的整体水平不高，发生系统性金融风险的概率不大，金融体系运行安全，即便是在 2008 年国际金融危机、2015 年国内股灾及 2019 年底 2020 年初新冠肺炎疫情的冲击下，系统性金融风险水平也处于可控区间内。

（2）我国系统性金融风险存在自身不断恶化的趋势。通过构建股票市场、外汇市场和同业拆借市场系统性风险与系统性金融风险的关系式发现，系统性重要银行的违约距离总是存在自相关的问题，且自相关系数大于 0.9，小于 1，这说明银行存在自身不断恶化的情况，须引起高度重视。

（3）我国各个资产市场风险较大。我国股票市场自从建立开始，大大小小的股灾共有 7 次，其中以 2015 年的股灾最为严重；房地产市场价格上涨速度过快，2018 年房价为 2007 年房价的两倍多，目前房地产市场泡沫较大，风险积聚较严重；债券市场近几年违约事件频频发生，违约率逐年上升，虽然违约的基本都为企业债券，但也要谨防其他类型的债券违约事件爆发；外汇市场美元兑人民币汇率变化较大，汇率风险较为严重；同业拆借市场同业拆借利率变化较大，共出现过 5 个波动，2013 年 6 月 20 日达到了 13.44%，同业拆借市场发生"钱荒"。

（4）通过对系统性金融风险在 5 个资产层面的分层结构分析，建立各个资产市场系统性风险与系统性金融风险之间的数量关系并进行压力测试，就当前的状况而言，我国系统性金融风险的主要风险源是房地产市场，其次是外汇市场，再次是同业拆借市场。

（5）房地产市场通过信贷渠道对系统性金融风险产生影响，按照目前的房价，如果房地产市场均价降低 31.2943%，银行房地产贷款总额损失 21.005%，银行的违约距离为负，整个金融体系将爆发系统性金融风险；外汇市场通过汇率渠道对系统性金融风险产生影响，应重点监测美元对人民币的汇率，防止汇率过高过低，波动剧烈，引发系统性金融风险，当前阶段尤其应注意避免汇率持续上升，人民币持续贬值；同业拆借市场通过利率渠道对系统性金融风险产生影响，当同业拆借市场利率无止境下跌，直至 0 附近时，系统性重要银行的违约距离将会趋于负无穷，发生系统性金融风险的概率接近于 1。

（6）债券市场和股票市场对系统性金融风险基本不产生影响，究其原因主要有三点，一是现行分业经营制度安排阻隔了风险的传递，二是无风险债券主导的产品结构提供的保障，三是散户型市场投资者结构的分散化效应。

（7）虽然我国金融运行一直处于相对安全区，但经济下行的压力、外部环境可能的恶化及系统性金融风险自身的累积与演化过程必将加深系统性金融风险的隐患，当前对我国系统性金融风险监测的重点应置于房地产市场和外汇市场，保持汇率稳定与房价的适度泡沫是守住不发生系统性金融风险的关键。

10.1.2　政策建议

对于系统性金融风险的防范，应主要从优化我国的金融体系与监管同时进行，具体为以下几点：

（1）优化金融体系结构，提高直接融资比重，发挥金融市场的融资功能。加强并完善金融市场层次型体系建设，促进资本市场、货币市场、外汇市场等各类金融市场全面协调发展，升级金融体系结构，增加各渠道融资额度，使其均衡发展，降低风险向某一部门集中，有效化解我国系统性金融风险。

（2）转变经济亲资本的发展方式，化解高杠杆风险。经济高杠杆的基本解决方式在于从根本上改变经济的投资驱动模式，转向由创新驱动的发展模式。具体建议为：控制地方债务规模，在保证地方经济合理发展的前提下，严格审查地方债务发行；建立房地产行业健康发展的长效机制，改变经济长期依赖房地产投资的拉动模式，控制地方政府的土地财政行为。

（3）继续推进利率和汇率市场化改革，完善货币政策传导机制，形成有效的市场化定价机制。充分发挥货币政策职能，利用结构性政策手段有效调节货币市场，保障货币市场的健康有效发展，通过政策手段化解系统性金融风险的顺周期性特点。

（4）改变银行部门传统的以利息收入为主要收入的经营模式，大力研发新的金融产品，寻找新的盈利点，避免银行的风险聚集在利率风险。加强银行部门内部的监管，具体包括对银行各类财务和管理层行为的监督和评价，了解本行面临的区域性、行业性、政策性风险状况，深化内控监督与评价，针对发现的苗头性、倾向性问题及管理中的薄弱环节，加强监督与提示，促进重点领域风险早识别、早预警、早发现、早处置。

（5）使用合理方法建立系统性金融风险监测体系与预警体系。国外对于系统性金融风险预警已经具有较为完备的体系，我国可以结合实际国情，参照国外成熟体系建立自己的系统性风险监测体系与预警体系，加快监管方式的信息化，数字化，尽可能为系统性金融风险的监测提供更为完备与准确的信息。

（6）完善金融市场监管机制。随着经济发展与金融体系发展的不断深化，有效的市场监管机制是保障金融市场长期稳定发展的基石，充分发挥政府在市场监管中的宏观审慎性管理作用，设立专门机构统筹金融市场协调监管，增强金融系统的全面监管，实现行为、功能与机构监管的统一，全面防范系统性金融风险的产生。

10.2　研究展望

本书使用基于市场数据的 CCA 模型，测算了系统性重要银行的最小违约距离和最大违约风险，视为系统性金融风险。然而我国五大系统性重要银行为国有商业银行，我国作为一个银行主导型的社会主义市场经济制度的国家，其社会、政治、经济制度决定了我国政府不可能容忍工、农、中、建、交系统性重要银行中的任何一家直接破产，即便是五大银行中的任何一家出现财务困境，政府的"父爱主义"马上就会体现，采取各种办法加以救助。我国银行不会破产的关键原因在于隐性的存款保险制度。事实上，我国银行并未设立存款保险制度，但对于我国银行，人人都充满信心，就连 1998 年海南银行、2022 年辽宁太子河村镇银行、辽阳农商行出现了问题，人们也没有过多的担心，这是因为我国银行有国家的信用作为隐性的存款保险制度，只要存款人对存款有信心，银行便不会发生挤兑。但我国的经济体制虽然为政府宏观调控下的市场体制，但归根结底还是市场经济体制，国有商业银行虽然不会发生像其他国家那样的破产，但在履行作为金融机构的责任时，由于自身的垄断特征及具有国有信用作后盾，在经营上具有一定的惰性，导致不良贷款比例较高、盈利能力较差、资本充足率偏低等问题。在国内外多重因素的综合影响下，这种风险越发突出，风险积累到一定的程度，根据上述分析原理，国家对作为金融命脉的五大银行进行救助，帮助其化解系统性金融风险，所以五大银行不会像其他国家那样出现公开的挤提或银行破产倒闭，但实际上又已经到了系统性金融风险爆发的边缘，这是另一种系统性金融风险，我们称之为潜在系统性金融风险。

如果以系统性重要银行破产作为衡量系统性金融风险，那么，无论如何我国都不会发生系统性金融风险。但由于银行体系本身的脆弱性，加之我国的国有商业银行一直有国家庇佑，仍然存在很多的问题，在国内外多种因素的综合影响下，这种问题越发突出。由于我国只可能发生潜在系统性金融风险，所以接下来可着重于对潜在系统性金融风险进行研究。

参考文献

[1] 章秀. 我国系统性金融风险的计量研究 [D]. 吉林：吉林大学，2016：6-16.

[2] 苏帆. 系统性金融风险测度及其网络传染机制研究 [D]. 武汉：中南财经政法大学，2017：4-13.

[3] 朱元倩，苗雨峰. 关于系统性风险度量和预警的模型综述 [J]. 国际金融研究，2012（1）：79-88.

[4] 卜林，李政. 系统性金融风险的度量与监测研究 [J]. 南开学报（哲学社会科学版），2016（4）：150-160.

[5] 高睿. 中国宏观金融风险：量化、积累与传染机制研究 [D]. 济南：山东大学，2018：7-13.

[6] 宫晓琳. 未定权益分析方法与中国宏观金融风险的测度分析 [J]. 经济研究，2012（3）：76-87.

[7] 苟文均，袁鹰，漆鑫. 债务杠杆与系统性风险传染机制——基于CCA 模型的分析 [J]. 金融研究，2016（3）：74-91.

[8] 马科维茨. 资产组合选择 [M]. 纽约：约翰·威尼和桑斯公司，1959.

[9] 陈全功. 货币危机早期预警系统及其运行效果 [J]. 国际金融研究，2004（12）：58-63.

[10] 唐旭，张伟. 论建立中国金融危机预警系统 [J]. 经济学动态，2002（6）：7-12.

[11] 张元萍，孙刚. 金融危机预警系统的理论透析与实证分析 [J]. 国际金融研究，2003（10）：32-38.

[12] 马德功，张畅，马敏捷. 货币危机预警模型理论与中国适用 [J]. 上海金融，2007（12）：10-13.

[13] 赖娟，吕江林. 基于金融压力指数的系统性金融风险的测度 [J]. 统计与决策，2010（19）：128-131.

[14] 李良松. 构建中国金融压力指数探析 [J]. 上海金融，2011

（8）：64-67.

［15］郑桂环，徐红芬，刘小辉．金融压力指数的构建及应用［J］．金融发展评论，2014（8）：50-62.

［16］张晶，高晴．中国金融系统压力指数的设计及其应用［J］．数量经济技术经济研究，2015（11）：41-57.

［17］许涤龙，陈双莲．基于金融压力指数的系统性金融风险测度研究［J］．经济学动态，2015（4）：69-78.

［18］徐国祥，李波．中国金融压力指数的构建及动态传导效应研究［J］．统计研究，2017（4）：59-71.

［19］仲文娜，朱保华．中国金融体系压力指数构建及有效性检验［J］．上海金融，2018（9）：15-22.

［20］王国刚．防控系统性金融风险：新内涵、新机制和新对策［J］．金融评论，2017（3）：5-24+127.

［21］黄益平．防控中国系统性金融风险［J］．国际经济评论，2017（5）：7+82-98.

［22］刘梅．我国系统性金融风险：防范思路与政策框架［J］．西南民族大学学报（人文社科版），2018（10）：116-121.

［23］郑联盛．我国引发系统性金融风险的潜在因素与化解之策——基于时间和空间维度的分析［J］．经济纵横，2018（4）：87-93.

［24］王广谦．中国金融发展中的结构问题分析［J］．金融研究，2002（5）：47-56.

［25］白钦先．百年金融的历史性变迁［J］．国际金融研究，2003（2）：27-35.

［26］林毅夫，孙希芳，姜烨．经济发展中的最优金融结构理论初探［J］．经济研究，2009（8）：45-49.

［27］植草益．产业组织论［M］．东京：筑摩出版社，1982：14-20.

［28］魏后凯．中国制造业集中与市场结构分析［J］．管理世界，2002（4）：63-71.

［29］范小云，方意，王道平．我国银行系统性风险的动态特征及系统重要性银行甄别——基于CCA与DAG相结合的分析［J］．金融研究，2013（11）：82-95.

后 记

  本书是在博士论文的基础上拓展更新而成的，由于博士论文是在 2019 年写的，当时恰逢怀孕，因身体原因及产后照顾孩子的烦琐事务，使我有意拓展出书的想法耽搁三年之久。但金融市场每一个时期都有它的特点，每个时期系统性金融风险的研究依然有时代必要性。现在重新审视这篇论文及更新数据时发现，仅三年时间，我国的金融市场发展完善速度非常快，不得不感叹我们国家金融能力的强大。这几年的时间，某些金融子市场（基于分层结构，暂且这么称呼）较之前发生了一些变化，因此本书得出的某些结论与博士论文的结论有一定的出入。本书所有的数据及模型得出的结论，都来自真实数据，但由于模型及分析方式的差异，也可能会与其他学者产生一定的分歧，在这里也欢迎大家提出宝贵的意见。

  另外，在进行本书的研究时发现，对于每一个子市场分析的内容较少，缺乏子市场之间关系的研究。金融市场之间的关系错综复杂，金融风险溢出的渠道比比皆是，但碍于主题和篇幅原因，本书没有展开继续讨论，实属一大憾事。希望在接下来的时间，能够继续完善此方面的内容。